聊天也是一门哲学

袁丽萍◎编著

中国言实出版社

图书在版编目（CIP）数据

聊天也是一门哲学 / 袁丽萍编著. --北京 ：中国言实出版社，2017. 1

ISBN 978－7－5171－2182－4

Ⅰ. ①聊… Ⅱ. ①袁… Ⅲ. ①语言艺术－通俗读物 Ⅳ. ①H019－49

中国版本图书馆 CIP 数据核字（2017）第 007416 号

责任编辑：史会美

封面设计：朝圣设计

出版发行 中国言实出版社

地　址：北京市朝阳区北苑路 180 号加利大厦 5 号楼 105 室

邮　编：100101

电　话：64924714（发行部）　64924735（邮　购）

64924853（总编室）　68581667（少儿中心）

网　址：www.zgyscbs.cn

E－mail：zgyscbs@263.net

经　销 新华书店

印　刷 三河市祥宏印务有限公司

版　次 2017 年 3 月第 1 版　2017 年 3 月第 1 次印刷

规　格 710 毫米×1000 毫米　1/16　15 印张

字　数 193 千字

定　价 33.80 元　ISBN 978－7－5171－2182－4

聊天，也称作闲谈，是人们在业余生活中经常运用的一种休闲方式。工作之余，与亲人、朋友、同事、邻居们聊聊天，调剂一下紧张的情绪，既是一种交流思想、沟通情感的好方式，也是一种难得的精神享受。

聊天一般是指没有明确目标的即兴式交谈，但聊天也是人们生活中的重要组成部分。一个人只要有思维和活动能力，没有哪一个不聊天的。但如此重要并不是受到所有人重视，有人认为聊天无非就是闲时谈天说地，大可不必郑重其事。

其实，在我们人类的社会生活中，聊天是非常重要的。古人有“听君一席话，胜读十年书”的佳句。说得就是一次有益的聊天，并不亚于读一篇好文章。聊天的重要性，可见一斑。

聊天是协调人际交往的好方法。同初识者聊天，可以拉近距离；同共事者聊天，可以培植友谊；同朋友聊天，可以巩固友情；同恋人聊天，可以甜蜜爱情；同亲人聊天，可以浓厚亲情……

聊天也是一种积极意义的休息：体力劳作者在肢体疲劳后聊天，疲倦的身躯就得到歇息；脑力劳作者在心力疲乏后聊天，大脑思维就得到调剂、静憩。

聊天还可以消除隔阂、减少误会、增加了解、沟通心灵，让人认知你，让你理解人。大凡喜欢聊天的人，大都性情开朗热忱、为人赤诚坦荡，容易获得他人信任和友谊，自然朋友也就很多。

聊天又是一种精神疗法。它能剔除忧虑、排除痛楚、摆脱孤独、调整心态。人生总会碰到不如意、不顺心的事，生活中难免会出现误会、委屈，甚至遇到困难或痛楚。不喜欢聊天的人往往把这些不顺或不幸埋在心里，单靠个人心灵去肩扛，因此容易积忧成疾，导致精神孤癖或忧郁；喜欢聊天的人大都会把自己的不顺或不幸告诉别人，就会得到别人的安慰、指点或帮助，他们的精神状态就显得平和健康得多。

生活中我们需要聊天，工作中我们也离不了聊天。许多的工作，我们需要聊天的方式来得以开展。比如："调查研究"对工作的重要性就是大家熟知的，但"调查研究"离不开聊天，而聊天过程中不显山露水的调查研究往往是最深入、最实际的"调查研究"。很多伟人是非常注重运用聊天的方式而开展工作的，毛泽东、周恩来就是善于通过聊天来体察民情、了解社会的典范。那些作家、经济学家们也是通过聊天的方式收集丰富素材、提炼思想，才会写出好文章、提出好理论来；企业家、商人通过聊天来调查市场、了解行情、获取信息，从而进行正确有效的经营活动……

没有聊天，就没有交际；没有聊天，也谈不上交往；没有聊天，谈不上相处；没有聊天，也谈不上友谊；没有聊天，也更谈不上合作。美国一所大学的一项研究发现，一个人的工作不能取得进展，不是他的能力欠缺，而是因为缺乏交际的技巧。

人是需要融合在人群之中的。索然寡居容易置人于孤独境地。而聊天是打开群体大门的钥匙，它能使人融入群体之中，使人的朋友多起来，这样我们不但能丰富生活、拓宽视野、增长知识、扩大交际，而且还能摆脱孤独、排除忧郁、增添人生乐趣、享受人生的幸福。一句话，聊天与我们的生活十分紧密，直接关系到我们的生活质量。

喜欢生活的人自然喜欢聊天。但是，聊天要聊出名堂，确有收获，还得费点心思用心学习。不管你是刚踏入社会的阳光青年，还是不善交际的宅男宅女，都能从《聊天也是一门哲学》中认识到聊天不是可有可无的小事，而是一个人生存必须应有的手段；也能从《聊天也是一门哲学》中改变你那种索然寡居、不聊天、不交往、“沉默是金”的思想观念；还能从《聊天也是一门哲学》学到影响你一生的沟通技能……

重视聊天、学会聊天，花点时间练习聊天，你的心灵会更释放，你的心态会更阳光，你的生活会更丰富，你的事业会更顺畅，你的命运也会因此而改变！

Contents 目 录

第2章　初次见面，就聊得停不下来

每天，我们在公交车上，或在电梯内，或在行走中……当你开口与擦肩而过的人们交谈时，你是否意识到你们的友谊可能就在此时产生？

第3章　如何聊天不冷场

西方有哲人曾说：“世间有一种成就可以使人很快完成伟业，并获得世人的认可，那就是讲话令人喜悦的能力。”

第 4 章　找对话题才能聊下去

为什么有些人总能跟对方聊得很欢愉，而有些人却聊得激不起对方的兴致，甚至根本不知道要聊些什么？要知道，聊什么，才能引起对方的兴趣，关键是找对话题。

第 5 章　这样聊，能赢得好感

聊天，看起来好像很简单，其实会聊与不会聊结果却相差甚远。会聊的能赢得好感，不会聊的却让人厌烦。

第 6 章　和谁都能聊得来

聊天是每个人必须掌握的一门学问。不同的人有不同的聊天话题：老人有老人的话题，年轻人有年轻人的话题，小孩有小孩的话题，男人有男人的话题，女人有女人的话题……掌握了这些，你就和谁都能聊得来。

第 7 章　聊天也要讲规则

在生活中，与人聊天是避免不了的，想知道聊什么、怎么聊，什么话能聊、什么话不能聊，都是需要用心琢磨，讲些技巧的。

第 8 章　赞美，让对方喜欢和你聊

赞美，能轻易地拉近彼此的关系。想要在聊天中获得别人对你的好感，就别忘了赞美！

第 9 章　当好听众，人人愿意和你聊

作为一个有心的聊天者，如果几个人聚在一起聊天，要注意让大家都有发言的机会，千成不要一人独唱主角戏！

第 10 章　聊出水平，聊出品位

语言是一种人格象征，也是人格魅力的一部分。一个人的品性、知识、智慧等首先得由语言反映出来。在社交中能够侃侃而谈，用词高雅恰当，言之有物，对问题剖析深刻，反应敏

捷，应答的自如，能够简洁、准确、鲜明、生动地表达自己的思想与情感，则会表现出不同凡响的学识和风度。

第 1 章
聊天，生活中离不开的交流方式

人们的生活会因为推心置腹地交谈而改变，这是高效率的电子邮件和社交网络无法做到的。

1. 会聊天，让你不冷场

在平时，你是不是经常遇到这样的情况：

当你进入电梯时，或走在大街上，迎面遇见了邻居，就马上低下头假装看着手机。因为，接下来，你感觉实在不知该跟邻居聊些什么。

上班时，在进入公司电梯里，你碰到了上司，你觉得实在很尴尬，不知该和上司聊些什么。

朋友聚会、亲朋好友的婚宴、各种会场……放眼望去，人山人海，让你头痛的是不知如何与他们打招呼，如何融入人群里，更不知和他们聊些什么。

相信有好多的人都有这样的困扰吧。事实上，前面所提到的那些场合中，需要发挥的并不是什么谈话技巧，而是闲聊的能力，闲聊是快速缩短与对方的距离，掌握当下的气氛的钥匙。

聊天是日常生活中最常见的交流方式，在闲暇之余，在工作之中，都可以聊天。人和人之间的交往也都是从聊天开始的。

聊天的本质是天南地北、自由随意。也许有些人认为聊天都是漫无目的，是浪费时间，然而事实并非如此。要知道，有些人就是在看似无心的聊天中达到自己的目的，比如闲聊中的一句话就可以交到一个朋友，或谈成一笔生意！

这些人就是会聊天的人。这些聊天高手能给陌生人留下良好而深刻的第一印象，和陌生人熟识起来，为以后的进一步交往做好准备；他们知道在面对上司和同事时该聊些什么，从而深得上司的青睐和同事们的喜欢；在面对客户时，他们能轻易赢取消费者的心，从而顺利地把产品推销出去；在谈判中，他们善于营造欢乐的聊天氛围，从而打破紧张和尴尬，进而达到谈判的目的……

因此具备聊天的技巧，不仅可以拓展人际关系，扩大社交范围，而且推动自己的事业更好地向前发展。

美国中西部一所大学的一项研究发现，一个人的工作不能取得进展，不是他的能力欠缺，而是因为缺乏交际的技巧。因此，掌握闲谈的艺术是人际交往中一项极为重要的能力。

然而，聊天的本能人人都有，可是聊天的学问不一定人人都能掌握得好。不过，也不用担心，聊天的学问是可以通过学习，就能具备的。

聊天哲语

会聊天＝“拥有社会竞争力＋良好的人际关系＋生存能力。”

2. 聊天是沟通思想的好办法

聊天是一种交换意见、交流思想、交融情感的交谈活动。它在人类社会生活中，有时是润滑剂，使人们消除摩擦，化解矛盾；有时又是黏合剂，使人们互相贴近，彼此了解。正因为如此，凡有社会群体的地方，人们都懂得利用谈心的方式沟通心灵。

聊天是人们在业余生活中经常运用的一种休闲方式。工作之余，与亲人、朋友、同事、邻居们聊聊天，调剂一下紧张的情绪，既是一种难得的精神享受，也是一种交流思想、沟通情感的好方式。

聊天可以是漫无边际地闲唠，也可以是有意识地进行。有意识、有目的地聊天，往往对自己、对别人都有很大的帮助。

比利时生理学家科内尔·海门斯，就是从聊天中获得知识的。他有一个习惯，每当黄昏陪着父亲在庭院里散步聊天时，他总是准备很多问题让父亲回答。有一次，他向父亲提出了一大串有关潜水时呼吸的生理反应方面的问题，父亲耐心地作了解答，使他大受启发，决心发奋攻读生理学。后来，科内尔终于攻克这一难题，写出了《血管压力感受器和化学感受器在呼吸控制中的作用》著名论文，还荣获了诺贝尔奖。

可见，聊天中的思想也可以成为科学发现中的激励力量。可以说，聊天是一种积极交流和沟通思想的好办法。大文豪萧伯纳这样说过：“倘若你有一个苹果，我也有一个苹果，而我们彼此交换这些苹果，那么，你和我自然是各有一个苹果。但是倘若你有一种思想，我也有一种思想，而我们彼此交流这些思想，那么，我们每个人将各有两种思想。”文雅的、讲究艺术的聊天，对于传播信息、交流思想，具有积极的作用，这是毫无疑问的。

聊天哲语

心理学家认为，聊天是释放压力、排遣焦虑的主要途径。烦心事可以在倾诉中化解，小喜悦可以在说话中倍增。

3. 闲聊是交朋友的最好手段

扩大人脉的关键取决于相互之间的交流，许多人就是在不经意的闲聊中找到双方的共同点，在思想上和心理上产生一种共鸣，达成一种共识，从而获得认同，建立起良好的人际关系。

富兰克林·罗斯福从非洲回到美国，准备参加 1912 年的竞选。因为他是已故美国总统西奥多·罗斯福的堂弟，又是一位有名的律师，自然知名度很高。

在一次宴会上，大家都认识他，但罗斯福却不认识在场的来宾。这时，他看出虽然这些人都认识他，然而表情却显得很冷漠，似乎看不出对他有好感的样子。

罗斯福想出一个接近自己不认识的人并能同他们搭话的主意。于是他对坐在自己旁边的陆思瓦特博士悄声说道：“陆思瓦特博士，请你把坐在我对面的那些客人的大致情况告诉我，好吗?”陆思瓦特博士便把每个人的大致情况告诉了罗斯福。

了解大致情况后，罗斯福在闲谈中随口向那些不认识的客人提出了一些简单的问题，从中了解到他们的性格、特点、爱好，知道他们曾从事过什么事业，最得意的是什么。掌握这些后，罗斯福就有了同他们闲谈的资料，并引起他们的兴趣，在不知不觉中，罗斯福便成了他们的新朋友。

闲聊是交朋友的最好办法。人与人之间交往，是从交谈开始的。闲聊是交朋友、拉近距离、在思想上沟通的有效手段。很多时候，通过闲谈，可以让两个毫不相干的陌生人交上朋友。

有一个人经常去公园散步。有一天，他又去公园散步去了，正好迎面走过一个很精神、很有气质的人，他们不经意间目光相遇，于是彼此之间点头微笑。没想到身边的这个人开口与他搭腔闲谈了起来，两个人就这样闲聊着，最后两人竟成了好朋友，而且后来还合伙办成了企业。

结识朋友、巩固友谊、增厚感情就要从聊天开始。聊天既不受时间限制，也不受空间制约，不但经济实用，而且效果显著。每一个人都需要与他人聊天，就像我们需要呼吸一样。“沉默是金”在社交场合中明显是不适用的。好的人际关系大多是从闲聊开始的。把握好闲聊的机会，可以迅速融洽双方的关系。谁掌握了聊天的技巧，谁就把握住了话语权，成为聊天中的主角。

和朋友聊天的技巧：

（1）在聚会当中避免落单，不要老待在一个地方不动，那样会让人觉得你死气沉沉，多走进人群中，听听他们在讲什么，这样你也有机会接触更多的人。

（2）在聚会上，你们要闲谈坐等，你要多跟前后左右的人聊天，不要冷落了任何一个。

（3）聊天时，要谈论大家都熟悉的人或者事，如果你谈论得过于深奥或者很少有人知道，必然无法引起大家的注意。

（4）不要评论在场的任何一个人，不好听的话说不定一会儿就会传入别人耳朵里了，造成人际关系紧张。

（5）如果你发现对方对你聊的内容没兴趣了，或者不耐烦了，就赶快闭上嘴吧，不然会引起对方对你的反感。

聊天哲语

世界著名的谈话艺术专家却司脱·费尔特先生曾经说：“你应该时常说话，但不必说得太长。少叙述故事，除了真正贴切而简短之外，总以绝对不讲为妙。和人谈话的同时也要注意到态度。切忌拉住别人的衣袖，指手画脚地讲话，应当和顺一些；切忌妄自尊大，平常的话要避免争论；谈话最好要一般化，勿作自我的宣传，把自己捧上天去。外表应该坦白而率直，内心应该谨慎而仔细。谈话的时候，姿态可以表现你的诚意，所以要正面向着对方，不要随随便便，不要模仿他。”

4. 闲聊能力：社交能力的一个重要指标

善于聊天的人，在聊天的过程中，总是自觉主动、颇为用心。他们为了享受、为了快乐、为了休息……就会主动去找那些可以给他带来欢乐的人去聊天，比如会玩笑的男人、会取悦的女人、见多识广的老人、童言无忌的孩子等。

这些喜于聊天的人，他们的求知欲大都是很强的，为了多懂一些科学知识，强化自己的技能和专长，提高认识问题和处理问题的能力，他们也知道怎样去捕捉平常聊天中的知识闪光点，懂得如何去找“智者”、“专家”聊天并主动同“智者”、“专家”建立联系和友谊。

闲聊，是一张社交名片。善于闲聊的人，能帮助自己很快地融入各种环境中。有时一句“今天的天气真好啊”、“今晚月亮好圆啊”，普通的没有任何分量的话，却能积累情感，拉近关系，从而打开人际关系的大门。

里克·沃伦说过，每个人都想要对他人的生命产生一定的影响。当我们通过有效的沟通方式和他人建立起联系时，我们就获得了影响他人和世界的机会。

科学技术可以成为人际沟通的有力工具，但是，它无法取代交谈本身。在充斥着快节奏电子通讯的今天，面对面交谈聊天显得尤为重要。

闲聊是一种能力，也是一种技能。它也有自己的原理和相应的套路，也需要学习和锻炼，不过，尽管原理非常复杂，涉及众多心理学理论，但是如果稍微静下心来学习，其实可以获得很快的进步。

聊天大致可分为两种，一种是偏向讨论专业内容的聊天，如果用讨论，商谈这样的字眼代替也可以，这种聊天，趋向于得出结论，得出结果；而另一种看似没有什么意义，只关于一些零散的话题："嘿，近日没出去旅游吗?""好久没见到你了，最近好吗"……我们且称为闲聊。

第一种聊天，其实是基于一种对问题的讨论，目的性很强，往往也是有准备的。第二种，往往更是即兴的发挥，而且可能双方之前还不认识，像在鸡尾酒晚会上，在 8 分钟约会上，而且可能也没什么目的，也没什么结果产生，只是彼此之间随意聊聊。

第一种聊天往往决定着工作的进展，任务完成的质量，而第二种闲谈看起来不起眼，也被很多人遗忘，其实却充当了一种人际关系的润滑剂。在很多情况下也为第一种聊天创造了机会。如果说第一种聊天传递的更多是信息，那么第二种闲聊，传递的更是一种随意的态度、一种轻松的气氛、一种为人处世的方式。

举个具体的例子，往往老师水平都不会相差太远，都具备传递有效信息的能力，但是想想，大学里，往往最受学生欢迎的并非知识渊博的学者，而是喜欢在课堂上聊些课本之外东西的老师。这些闲聊，虽然与课堂传递的信息无关，但是却能让学生喜欢上课，反而会提高教学的效率。

这跟我们平时的闲聊其实是同一个道理，尽管有些人你跟他聊天没获得什么信息，却觉得大家聊得蛮开心，似乎彼此的关系都上了一层楼。真正让我们能和对方深交的更多是有实质性的讨论，知识也好，情感也好，产生一种彼此的亲近感，但是，闲聊顺利进行与否决定了有没有可能进行实质性的讨论，决定了双方的好感评价。很大程度上影响这一个人的整体社交表现，有些人才高八斗却与别人格格不入，大多还是闲聊能力的缺失，所以，闲聊能力也是评价社交能力的一个指标。

我们常说这个人社交能力很强，那么，很大部分其实就是因为这个人"会"闲聊。很多人误认为闲聊没有什么作用，反正也得不到什么信息，还不如自己发呆，这是非常错误的。殊不知，闲聊是连接人与人之间情感的关键。

人们的生活会因为推心置腹的交谈而改变，这是高效率的电子邮件和社交网络无法做到的。

花时间练习自己的聊天技巧，你的生活也会因此改变。所有的沟通技巧，概括起来都离不开以下四个关键要素：

（1）坚持自己的个性，让自己的独特之处发挥作用。

（2）提前做准备，准备越充分，就越自信。

（3）永远保持一颗好奇心，千方百计让自己变得有趣。

（4）学会从他人的思维角度出发，真正在意对方。

除了重视沟通技巧外，还要留意生活，才能积累谈资。生活中，很多人会说：“在与他人交往的时候，我总是觉得无话可说。”如果你不是一个口才出众的人，你就会觉得，无论与谁在一起，都不知道该说些什么，这便是缺乏谈资的体现，那么，你与他人的交往，也会变得枯燥、乏味。

口才训练演讲大师们认为，要想提升口才，最重要的一点就是要学会在生活中积累谈资。当然，要积累“谈资”，就要从以下几个方面来努力：

（1）多留意生活，留心身边发生的事情。比如，你可以平时抽出时间来浏览新闻，国家大事，工作中同事以及周围的朋友、亲属等所提及的话题。然后，多记多练，一段时间之后，你就会发现，你的头脑已经丰富起来了，与他人交往时，你也能插上几句话了。

（2）在读书、看报或上网的时候，有意识地记住一些重要的或者有趣的知识。每天坚持一段时间后你就会发现，你能说出很多有趣或者重要的事情来了。

（3）多加实践。平时除了积累“谈资”外，还要多去实践，好的谈资可以激发听者的联想，产生共鸣，所以，平时在运用“谈资”的时候，一定要多思考，不断丰富你的谈资。

高超的说话水平与口才能力，并非是天生的，是可以通过后天努力获得的。技巧不是仅依靠别人的传授，而是要自己亲自去实践，从现实生活中摸索出来的，只有不断实践，才能不断总结，练就适合自己的语言风格和语言技巧，提升自己的聊天水平。

聊天哲语

每个人都想要对他人的生命产生一定的影响。当我们通过有效的聊天方式和他人建立起联系时，我们就获得了影响他人和世界的机会。

5. 为什么交流总有障碍

为什么我们在交流中，你说的这个意思而对方往往听成那个意思？为什么挺简单的事总是交流得很费劲？为什么一句话就能讲明白的事非要好几句才能说明白？……原来是我们的交流导致了障碍——那是我们总是按照自己的观点去理解生活，理解话意。

我们在平时的交流沟通中，出现的障碍有以下两种情况：

障碍 1：我们总觉得自己是对的，而对方是错的。

如果我们坚信这一点，那么我们就会试图让对方按照我们的方式理解问题，而真正意义上的沟通达人，其目的并非改变他人的思想，而是理解他人。

丽丽是个“行动派”。不管做什么事儿，她都会尽快且尽可能全面地完成。开会的时候，她会先停一下，然后便问道：“好的，我们接下来要做什么？谁来负责呢？”

而丽丽的丈夫小王却是个“思考派”，是个“点子王”。给他一个问题，不用一会儿他就能想出一堆的解决方案，而且他的方案总是与众不同。不过，他很少付诸实践，只是限于想一想而已。

婚后不久，彼此的不同就显现出来了，而且成了他们之间的问题所在。小王觉得妻子过于用功了，需要放松一些。同样，丽丽看到小王一天到晚头脑风暴，就是不付诸行动，也很受不了。

慢慢地，他们都意识到，其实没有哪种方式是最好的，只不过大家不同而已。他们越是能够理解对方的观点，就越容易从差异中找出更好的、更有创意的解决方案。这些年来，随着理解和探索的深入，他们的夫妻关系也越来越坚固了。

障碍 2：我们总觉得对方和自己看待事物的方式是一样的。

保拉喜欢热闹的派对。她以为在她的好朋友过生日的时候，给她举办一个场面很大的派对，一定会给她一个惊喜。可是，当保拉看到朋友没有丝毫的惊喜和兴奋时，保拉感觉朋友根本不理解自己，因而受到了很大的伤害。

菲尔周末参加了一场婚礼，和教堂的一些人共进晚餐，然后和亲朋好友聚了聚。菲尔的一个朋友邀请他和妻子巴尔布周一晚上一起喝咖啡，除了他们，还有其他几对夫妻。菲尔想在周一晚上安安静静地休息，就婉拒了朋友的邀请，他租了电影光盘，买了些中式外卖晚餐，这个时候却发现妻子巴尔布郁郁寡欢，因为她知道菲尔拒绝了朋友的邀请，对此菲尔实在无法理解。

之所以出现以上情境，是因为双方性格的不同，却忽略了对方性格的独特性而造成不愉快的结局，那么交谈也一样，如果忽略了对方性格的独特性，交谈就会困难重重，有时甚至难以进行下去。

和他人交谈听起来是一个非常直接的过程：一个人说，另一个人听，可是，你所说的，真的是你自己想表达的吗？而你所听到的，又是对方真正想表达的吗？由于语言背景、文化背景、教育背景、社会地位等方面的不同，一些看似没有感情色彩的词语，对某人来说就有了某些特殊意义。而当你听到这些词语的时候，你也会经过一系列的过滤，然后才最终理解其含义。你在使用某个词语表达某种含义时，虽然对方听到的是同一个词，可是，他的理解就可能完全不同。

比如，“今天很热。”一个在菲尼克斯（美国亚利桑那州）沙漠地区长大的人，和一个来自阿拉斯加州的人相比，“热”对于他们就有了不同的含义。如果这个人来自乔治亚州，那么他的理解可能多了“潮湿”这层含义。

每个人都有不同的文化背景，不同社会背景，不同的思维模式，因此对同一个词语也就有着不同的理解。同一个词语，通过不同的理解就有了不同的涵义，这就为有效的交谈设置了障碍。所以，了解这些，对于提升我们的沟通能力是有很大帮助的。

聊天哲语

谈生意时，对话是由两部分构成的：一部分是与生意直接相关的谈话。一部分是与生意无关的没什么实质意义的“闲聊”，要知道这些没实质意义的闲聊往往是促成生意的重要因素。

6. 聊天，也要转变思维

当我们与人聊天时，我们不能按自己的思维、自己的想法去交流，我们还要学着转变思维方式去了解谈话的对方，这样谈起来就更顺畅。

当我们不理解他人的观点时，我们会做出各种假设，猜测对方在想什么。而且，一旦做了猜测，我们就会错误地将其当作事实，进而以此为根据来交谈，而实际上，你的根据根本就不是事实。

我们可能会对自己说：

“别人都自信，偏偏我不是。”

“要想交谈顺利，就得让别人喜欢我。”

“一定要掌控谈话。”

“我如此少言寡语，根本无法顺利交谈。”

“得准备很多话题才行。”

……

一旦这些根据成了我们主导时，那我们就离失败不远了。我们深信自言自语的内容，而且会根据这些假设采取行动。因此，关键在于重新审视这些内容，重新做出调整——

之前的想法：别人都自信满满，偏偏我不是。

现在的想法：我确实不知道他们在想些什么，可能他们并没有看上去那么安适。

只要两人交谈，不管何时何地，要做到有效，就必须付出努力。想让自己看起来很自信是人性使然，因此，多数人都会尽可能让自己看上去更加平静，而实际上他们的内心并非如此。

如果我们总觉得只有自己在交谈中浑身不自在，压力感也就在所难免了，这样的话，还怎么有好的表现呢？我们总觉得交谈成功与否在于我们自己，其实不然，交谈和婚姻一样，都需要双方做出努力才能成功。

之前的想法：要想交谈顺利，就得让别人喜欢我。

现在的想法：别人怎么想不是我的责任，我只要做自己就行。

在交谈中，我们应该努力关注的是做自己，我们没有办法让其他人喜欢自己，但是，如果我们能够做真实的自己，对方就有机会回应这个“真实的自己”。如果他的回应并不是我们所希望的，这只能说明他做出了属于自己的选择，对此我们无法控制。我们越是想要控制他人，就会觉得越沮丧。

之前的想法：一定要掌控谈话。

现在的想法：交谈的方向由交谈的双方共同负责。

我们无法保证每次交谈都是有效的，且让双方感觉自如。但是，如果交谈不顺，我们也无须为失败承担责任。交谈需要至少两个人才能进行，同样，交谈的结果也绝非哪一个人可以决定。

这就像下国际跳棋，可能彼此的水平不同，但是，最终的结果并非由哪一个人决定。一开始的时候了，谁也不知道每一步该怎么走，因为这要看对手怎么走。整个过程是一个动态的过程，只有双方充分发挥自己的水平，这个过程才会有趣。

不过，国际跳棋和交谈又有不同之处。下国际跳棋，有赢有输，但是，交谈的目标是共赢。

之前的想法：我如此少言寡语，根本无法顺利交谈。

现在的想法：我要了解适合自己性格的有效交谈技巧。

多数内向的人都会觉得，自己缺少有效交谈的必要技能，通常情况下，他们被告知，交谈所需要的都是“外向型”的技巧，其实不然，内向的人也拥有属于自己的交谈技巧，充分利用这些交谈技巧，交谈一样能够顺利进行。一旦内向的人明确了自己应该在交谈中扮演的角色，他们心里和外向型人“竞争”的压力就会消失，他们就可以自如地交谈了。他们可以学着利用自己独特的交谈能力，因为这是和他人进行有效交谈且让交谈有趣的基础。

之前的想法：得准备很多话题才行。

现在的想法：我要仔细倾听对方，了解所谈的话题。

在交谈中，人们最怕的就是无话可说。开始交谈，然后让其持续一会儿并不难，可是，一旦无话可说了，交谈就会陷入沉寂，这正是我们担心的。

有人说，交谈成功与否完全取决于我们之前的准备，这么说来，如果我们事先准备了充足的话题、问题及故事，适时放入交谈中就可以了。其实，这种想法忽略了有效交谈最重要的资源之一：挖掘对方的经历，将交谈拓展到深的领域。

在交谈中，我们要改变自己的角色，从“内容提供者”变为“内容开拓者”。只有这样，犹豫和迟疑才能有效地转化为动态的、有意义的互动。

聊天哲语

聊天是用语言纽带把人组合在一起的一种社会活动。

7. 解构闲聊

(1) 闲聊的开端

展开闲聊的方式可以有很多种，但是最简单、最常见的就是我们见面打招呼，那么在“嘿，你好”之后，往往就出现闲聊的空隙，如果每次见面都是“你好，你好”然后就没了，总会觉得有些隔阂，这个时候，就是展示闲聊技巧的时候，打招呼之后再加一句，就构成闲聊，比如拿对方的衣服入手，“你的衣服真漂亮啊”，一句话，就可以使对方产生安心感，也不会因为每次见面都只能说“你好”而感到彼此的关系有些僵硬。所以打招呼多加一句话，就是闲聊最实用、最简单掌握的公式，了解这点后，马上就可以见效！当然，闲聊的开始方式各式各样，比如在鸡尾酒舞会上看见对方一个人，主动过去问候攀谈的，这种不是像偶尔相遇的那种“嘿，你好”，而是以“你好，你一个人，我也一个人，我们来聊天吧，不然大家都很无聊”的心理作为开始的，但是基本套路还是“嘿，你好”，闲聊术的关键在于，要怎么展开，要说什么——很多技巧都是围绕这点展开的，其实都是在讲怎么获取闲聊的资源。

（2）闲聊的过程是横向发展的

与平时讨论问题不同，闲聊的发展往往都是往四面八方发展的，而且谈话的内容往往具有延展性、不连贯性的特点，也就是说闲聊其实是一种近乎“空穴来风”的聊天。

（3）闲聊不需要以结论作为结束

闲聊不是一场商谈，只是一种气氛制造和情感传递方式，所以不需要在闲谈的最后得出一个结论，关键是做到“好聚好散”，在适当的时刻，“真可惜，我还要赶时间，下次再聊”来表达出对此次闲谈的满足感，传递对对方的一种好感，而在对方明显疲态的情况下不懂得非常利索干净地结束闲谈，会给此次闲谈质量打折。

聊天哲语

聊天既不受时间限制，也不受空间制约，不但经济实用，而且效果显著。

8. 闲聊的目的在于制造气氛

聊天是用语言纽带把人组合在一起的社会活动，其表现形式同上课、报告会、会议等并无差别，但聊天同上课、报告会、讨论会等又不同，不同点如下：

第一，听和讲是互动的、自由的，不是讲者只有讲、听者只能听，或者按程序轮流来。

第二，内容既未约定也无约束，议题随机随意而就。

正因为如此，聊天就比上课、听报告、会议讨论等来得轻松、舒服得多；但从价值功能上说却有很大的不确定性，关键取决于参与聊天的人。参与聊天首先要会聆听，认真听只是会聆听的一个方面，重要的听中有分析取舍，能“去粗取精、去伪存真”，能提出问题去深化内容，能捕捉聊天中的闪光点，这样就能从聊天中收获快乐。

有研究也表明在进行真正有效的信息传递之前，善用闲聊，就能为实质性的交谈创造良好的条件。没有用闲聊作为关系润滑剂，生硬地唐突地进行实质性讨论和交流，都会影响效率。

想象一下，一个大学老师走进教室，书一打开，就开始念，这种课能不叫人厌恶吗？很多交谈也是这样，如果彼此要商讨一个商业项目，比如要确定供货商，然后对方一坐下，你还没来得及打招呼，他马上就说：“在这次的供应商考察中，我发现供应玻璃纤维的 TM 的生产线很乱，最后的产品质量并不如之前他们宣讲的那么好……”观点一个连一个，这样表面上是非常执着于工作，争分夺秒，但是往往没有效率，因为对方还没这么快就进入状态。所以，在进行真正有效的信息传递之前，善用闲聊，能为实质性的交谈创造良好的交谈环境。

生活中我们都需要闲聊，如果就在彼此旁边，都默不吭声，感觉气氛太沉默，彼此之间还挺尴尬。如果这个时候，能适当地闲聊起来，比如“你的衣服真漂亮哟”，这样的恭维不仅可以拉近你们之间的关系，而且还能消除彼此约束感。工作中、学习中，我们同样需要闲聊，只有适当地闲聊，我们才不觉得死气沉沉，才不觉得很压抑，反之，还会融洽关系，营造和谐轻松的气氛，更能提高工作和学习效率。总之，闲聊关键在于制造轻松的感觉、制造活泼的气氛。

聊天哲语

由于聊天的气氛比较轻松，场合也不会特别正式。所以人们更能敞开心扉，畅所欲言。

9. 创造优质的闲聊方式

创造优质的闲聊方式，是能够顺畅闲聊的关键。让我们在轻松闲谈中打开交往的通道，得到信息、收获友谊，也得到精神上的满足。那么如何创建优质的闲聊方式呢？下面几点可以参考：

（1）赞扬

简单一点说，人都喜欢被赞扬，不管三七二十一，特别是不知道说什么的时候，找到对方身上可以表扬的地方，眼睛一亮，双手捧颚，“你真漂亮”，即使不能立即让对方接受自己的好感，也干脆利落让对方开心，何乐不为呢？

（2）你好

“你好”，简单的两个字的问候，就能迅速地打开问候的大门。从今天起，在打招呼之后，加一句聊天的内容，在不知不觉中改善彼此的关系。每一次打招呼，都是一次改善关系的机会。

（3）求同存异

闲聊并不在意能不能得出一个正确的结论，所以与工作上的讨论要求不同，聊天可以说就是为了制造良好的气氛。当对方说出的一些观点与自己观点不同时，不要太在意对方的过错，要认同对方的观点，这样不仅拓宽了聊天的广度，也避免因为直接否定而导致闲聊不顺利，影响彼此之间的情感。

（4）微笑

积极心理学中谈到这样一个现象，当我们笑的时候，我们会同时点亮对方心理的某个部位，这样对方也很容易笑起来，一旦笑起来，就会有一种“怎么一见到××就开心的感觉”，或许意识层面还没觉得，但其实潜意识已经接收到了。

（5）把握好话语权

每个人都喜欢自己被倾听，这很多人都能意识到，但是这里有个细节特别要强调的是，要根据不同对象把握好话语权，对于天生喜欢说话的，80％让给对方都无所谓，但是，对于比较不喜欢说话的，或者聊天时状态不大好的，自己可以多说点，一味地让对方说，一味自己说，其实达到的效果都不是最佳的。

（6）营造放松的环境

创造优质闲聊的环境，是闲聊能够顺利进行的关键。想象一下两个人面对面坐在餐桌上的氛围，和有一曲音乐的优雅咖啡厅氛围就不同。在闲聊时，你要去体会能不能轻松地融入对方。就拿交谈的方式来说，肩并肩行走就是不错的选择，双方也不用面对面地直视，对方都不会太紧张。总之，要选择放松的环境、放松的方式，就能让闲聊进行得很顺利，也很愉快。

（7）多扩展少收缩

闲聊本身就是由很多分散的话题构成的。每一次总结式的语言都是一堵阻止主题跳跃的墙，为了做到这一点，尽量要对对方说的话进行评价，进行一个思考，而不是总结，这样对方就会接着那个聊下去。

聊天哲语

聊天又是一种精神疗法。人生总会碰到不如意、不顺心的事。生活中难免会出现误会、委屈，甚至遇到困难或痛楚。喜欢聊天的人往往把这些一吐为快，因而不易积忧成疾，导致精神孤僻或忧郁。

10. 创造优质的闲聊内容

关于聊天，困扰着大多数人的问题所在，就是不知道聊什么，从何聊起。下面我们就这个问题，提出几点建议：

(1) 从双方本身来挖掘谈资

你，还有谈话对象，本身就是一个众多的主题交集，从生平境遇，到学时积累、兴趣爱好、未来打算、穿着打扮都是一个巨大的谈话主题库，所以平时要注意记住对方的一些特点，比如特殊的穿着、爱好、生活经历或者一些微博状态，谁都喜欢别人能谈论自己，这一点，关键在于用心积累。当然关键是能拿出来谈的是一些东西，而且对方比较喜欢，比较有助于闲聊的进行。当然，记住，对方的话，也是主要的谈论来源。

(2) 从我们所处的小环境入手

小环境，指的是两人眼界所到的地界。比如两人在办公室的转角咖啡机前相遇，这个时候，如果对对方本身不熟，比如你是新来的员工，不认识对方，只知道名字，不知道从什么地方谈起，自己又不善于查户口，而且更要命的是连赞美的入口都没有。那么可以从小环境入手，比如一些新张贴的告示，活动，比如公司的咖啡机，就是你们两现在的小环境之中的一角，你可以说："有没有这样的想法，在家里也搞一台这种咖啡机，这样晚上加班的时候需要的时候按钮一按，一杯卡布基诺就来了，朋友聚会也能来一杯，不用每次朋友聚会都手忙脚乱。"以咖啡机开始，这样就能双方进入聊天的状态。

（3）从社会大环境着手

大环境，指的是在眼界之外的环境，一般是指，对于员工来说，公司的运营，一些小道消息，社会新闻，政治事件等都是我们共同谈论的环境，多多少少跟自己与对方有关，这里关联度越大的，越能帮助闲谈进行，比如世界杯来了，嘿嘿，吐槽中国足球队的大好时机，都是谈论的好题材，无论是谁，无论站在哪边都能插上几句话。

聊天哲语

在人类社会生活中，聊天有时是润滑剂，使人们消除摩擦，化解矛盾；有时又是黏合剂，使人们互相贴近，联络感情。

11. 会聊天的女人更容易获得幸福

经常听到有人说："女人能顶半边天。"在当今社会，女人的地位变得越来越重要，那么女人的地位不断上升，是不是也代表着更多的女人能够享受幸福的人生呢？

可是，事实总是与理想有一定的差距，并不是所有事业有成或者是长相漂亮的女人都能获得幸福。社会学家们研究发现，生活中过得幸福的女人不一定事业有成，不一定长相漂亮，也不一定非常聪明；但是，令人惊奇的是，她们往往都是"能说会道"的人。这里的能说会道并不是指女人像个机关枪一样聊个不停，而是指她们舌灿莲花，能够把话说到点子上，让人听到她们的谈话就会心情愉悦。

在我们的家庭生活中，一般的女人往往容易忽视聊的重要性，但聪明的女人却不一样，她们不仅注重穿衣打扮，更注重沟通。因此，为了家庭的和谐、婚姻的美满、人生的幸福，女人们都应该学会说话、学会聊天，用语言来营造属于自己的幸福生活。

小倩跟丈夫结婚有10年了，他们的婚姻生活还是和刚结婚时一样甜蜜，这很大程度上就是因为小倩有一张舌灿莲花的巧嘴。

刚结婚时，因为从单身女生变为已婚妇女，这让小倩每天的生活发生了重大变化。为此，小倩每天忙得天旋地转，但还是感到力不从心，而脾气也一改以往的温柔，开始与丈夫激烈争吵。不过她也逐渐认识到，吵架并不能解决问题，反而会让他们的关系更加紧张。于是，小倩慢慢地学会了压制自己的怒火，开始学习与老公聊天，打算用语言的魅力来征服生活中的磨难。

此后，小倩再有什么事情时，都会用温婉的态度、询问的语气来和丈夫商量；当丈夫在工作上遇到什么困难时，小倩会及时鼓励他，并帮助丈夫一起寻找解决办法；小倩还经常和丈夫聊天谈心，谈天说地。他们二人之间的互动、关怀一直持续到了现在，这也使得他们的婚姻一直甜蜜如昔。

小倩婚姻生活幸福甜蜜的秘笈之一就是因为她非常会说话，懂得聊天对于婚姻的重要性。生活中，一句无心之言就可能在别人的心底埋下一颗隐患的种子，如果我们不注意自己的措辞，不小心种下了这颗种子，那么等到这颗种子生根、发芽、生长，我们与对方的关系就越来越远。

所以，女人可以生得不漂亮，也可以没那么聪明……但是，一定要会说话、会聊天，因为只有会说话、会聊天的女人，才更容易获得幸福的生活。

总之，会聊天的女人不仅能妥善地处理好自己的工作，也能经营好自己的婚姻和家庭，不会让这三者之间的关系因为不平衡而影响到自己的幸福。所以，要想拥有幸福，女人就一定要学会聊天，学会说话，用自己的嘴为自己打造一个美丽人生。

聊天哲语

"闲聊＝没什么实质内容的话"，这个说法是对的；但"闲聊＝没有必要的话"，就大大地错了。闲聊正是因为"没有内容"，所以才有做的必要。

12. 闲聊时，礼仪也不可少

聊天是一门艺术，也是社交活动必不可缺少的内容。除了做到词达意外，我们还应力求以"礼"吸引他人，因此，要掌握好交谈礼仪，为交谈创造一个良好的气氛也是非常重要的。那么在交谈中如何注重礼仪呢？

（1）交谈时的目光

两个人面对面交谈时，双方宜相互凝视对方的眼睛，以表达自己的专注之情。目光应是自然、柔和、友善的，而不要紧盯着对方，使对方感到不自然。与长辈、领导交谈时，眼睛应流露出尊敬的神情；与同事、朋友交谈时，应流露出宽容的神情；与爱人交谈时，充满了温情；与不幸者交谈时，则表现同情心。

（2）交谈的距离

与不同关系的人交谈时，双方应保持相应的交谈距离。如与陌生人交谈时，两人的间距为 1.5 米左右；与熟人交谈时，相距 1 米左右；与亲友交谈时，距离 0.5 米左右，有时还可以更近些，甚至亲密无间地“交头接耳”。交谈时，双方自觉地保持适当的距离，既不要相距太远，给对方以冷落感；也不要靠得太近，使对方有压抑感。酌情调整距离，以便双方自由自在地交谈。

(3) 交谈时的动作

与人交谈时，根据需要可以借助一些动作来说明问题，增强感染力。如点头表示赞同，侧身相对表示蔑视等，但手势的幅度不宜过大，切忌对别人指手画脚，以免引起误会。此外，与长辈、师长、上级交谈时，不要把手背在身后或插在口袋里，也不要做一些不必要的小动作，如摆弄衣角、甩头发等。

(4) 交谈时的仪态

不论言者还是听者，交谈时双方必须保持精神饱满；表情自然大方和颜悦色；站立寒暄也好，坐着聊天也罢，两人均应目光温和，正视对方，以示尊重。

(5) 话题的选择

所谓话题，就是言谈的中心。话题的选择反映着言谈者品位的高低。选择一个好的话题，使言谈双方有了共同语言，往往就预示着言谈成功了一大半。因此，首先，要选择交谈者喜闻乐见的话题。如天气状况、风土人情、体育比赛、电影电视、旅游度假、烹饪小吃等。其次，要回避众人忌讳的话题。如个人的私生活（包括一个人的年龄、婚姻、履历、收入、住址等其他方面的家庭情况）、令人不快的事件（疾病、死亡、丑闻、惨案等）以及某人生活习惯、宗教信仰、政治主张等均少谈或不谈为好。

(6) 交谈态度

态度诚恳、真诚热情往往可以拉近彼此间的距离，使人感到格外亲切自然，感情也会有所升华。此时，你提出的意见或建议也易被对方接受。反之，如果你以虚情假意、盛气凌人的态度对待他人，出现“话不投机半句多”的局面也不足为怪，这样双方都可能陷入尴尬境地。

(7) 虚心接受意见

在社交场合中，如果有人向你提出某些意见或建议，要虚心接受，即使你对这一问题有精辟、独到的见解，也不能以居高临下、不容置疑的口吻否定别人的看法，这样对方会认为你自高自大、自以为是。反之，用虚心的态度接纳他人的意见或建议，即使对方的看法欠妥，也要用委婉的口气、平和的态度向对方说出自己的见解，并请对方给予指点。这样，即便双方意见不统一，也不会造成僵局，破坏交谈气氛。

聊天哲语

《奥妙的人体语言》的作者汪福祥曾说：“无声的表情具有的交际效果是有声言语的五倍。”因此，我们在交谈聊天中，既要注重有声语言，又要注重无声的表情。

第 2 章

初次见面，就聊得停不下来

每天，我们在公交车上，或在电梯内，或在行走中……当你开口与擦肩而过的人们交谈时，你是否意识到你们的友谊可能就在此时产生?

1. 建立一个自己的“听众档案”

教授德洛丽丝曾说：“听众档案是个对我们很有帮助的伙计，一定要好好利用它，让它为我们效劳。”利用听众档案，我们在谈话时可以轻松地找到共同关心的话题。听众档案是教授德洛丽丝提出的概念，指的是关于与我们谈话的对象的一些基本情况。

罗斯福当上了美国总统，他依然采取和不认识者“一见如故”的沟通方法。著名的美国新闻记者麦克逊曾经对罗斯福总统的这种交谈方式评价道：“在每一个人进来谒见罗斯福之前，关于这个人的一切情况，他早已了如指掌。大多数人都喜欢顺耳之言，对他们做适当的颂扬，无异于让他们觉得你对他们的一切事情都是知道的，并且都记在心里。”

罗斯福之所以能对每个见面的人都“了如指掌”，是因为他在之前所建立的“听众档案”。罗斯福对于每个来访者的情况都熟稔于心，在谈话的时候，了解到的这些情况就会发挥作用。罗斯福以了解到的情况为基础，提出适当的话题，然后便自然而然地使人产生很亲近的感觉。

的确，没有话题，谈话就没有焦点，只是空说话，而没有实际意义，陌生人终究还是陌生人。只有在掌握了听众档案后，对于这个人，即在略有了解后再有目的地交谈，便能谈得较为自如。

如在商业宴会上，见到陌生的邻座，便可先“投石”询问：“您是王先生的老同学呢，还是老同事?”无论问话的前半句对，还是后半句对，都可循着对的一方面交谈下去；如果问得都不对，对方回答说是“同学”，那也可以谈下去。

有些人喜欢谈论社会问题，遇见这样的人，询问他们关于某些社会热点的问题，是再好不过的话题了。一般这种类型的人，都喜欢向他人表达自己的见解。倘若在这个时候，我们再稍加赞美对方“你知道的真多”，“你的见解真深刻”，等等，那么，他们往往会很容易被你所俘虏。

在分析听众档案的时候，我们也会发现有这样一类人，他们的禁忌很多，有很多的雷区，这个不爱谈，那个不愿讲。与这些人交谈，好像无从开口，不过，我们还是要找到突破口，开启他们的话匣子。

从双方的工作内容寻找话题。相同的职业容易引起共鸣，不同的职业更具有新奇感和吸引力。从彼此的经历中寻找话题。经历是学问，亲身经历过的人和事往往会给自己留下极深的印象，这种交流最易敞开心扉，最易见到真情。也可以从双方的发展方向寻找话题。每个人都关心自己的未来，前途与命运是永恒的话题。人生若没有前进的方向，生活便失去了动力，所以这类话题最易触动对方。

从家庭状况找话题。家庭是社会的细胞，家庭生活完美、和谐是每个人的理想。这类话题不必做准备，随时都可以谈论，但凡有思想的人都可以从中发现许多人生哲理。从子女教育方面找话题。孩子是父母生活的希望，孩子的教育牵动亿万家长的心。怜子、爱子、望子成龙是家长的共同心理，谈及孩子，即使是性格内向的人，也会眉飞色舞、滔滔不绝。

因此，想要与人沟通畅通无阻，尤其是在初次见面的时候，找到话题，并与之快乐而顺利地交流下去，提前建立听众档案是十分必要的。

聊天哲语

兵法说：“知彼知己，百战不殆。”闲聊也一样，也需要了解对方。

2. 称呼对了，留下好印象

聊天就要称呼人家，称呼好了，对方自然会高兴，称呼不好那就麻烦了。例如一个女士，你把她的年龄往小里称呼效果就会很好，把人家说大了人家就会不高兴。

称呼，就是对人的称谓。用什么称谓称呼人，既是个礼貌问题，也是个态度问题，同时也反映了说话人与被称呼者之间的关系。所以，在聊天交往中，必须讲究称呼的艺术。

(1) 日常惯用的称呼语

①亲属之间的称谓。亲属之间，对长辈应以亲属称谓相称，如爷爷、奶奶、爸爸、妈妈、姑姑、舅舅等。称呼长辈的姓名、职务、身份、职业等都是不礼貌的。对平辈，可相互用亲属称谓或加排行序列称谓相称，如哥哥、妹妹、二哥、三妹等；夫妻之间可以姓名相称，两人在一起时，可用昵称，但不宜在父母面前、孩子面前和公开场合使用；年长的平辈可直接称呼年少者的名字，若年少者已成年，则用亲属称谓较礼貌。对晚辈，可称呼其亲属称谓，也可直呼其名，这样显得亲切。但当晚辈有了他自己的成年晚辈时，直呼其名也就不妥当了。

②熟人之间的称谓。对关系较密切的熟人，可大致仿照自己亲属的性别、年龄、身份等来确定相应的称呼，还可以“姓加亲属称谓”、“名加亲属称谓”、“姓名加亲属称谓”称呼，如“王奶奶”、“李叔叔”等。

在一些正式、公开的场合，可以称呼熟人职务、职业，也可以“姓加职务、职业称谓”、“名加职务、职业称谓”、“姓名加职务、职业称谓”相称。如“赵厂长”、“李校长”等。

年纪较大、职务较高、辈分较高的人常对年纪较轻、职务较低、辈分较小的人称呼姓名，这种称呼明快直爽。反之，年纪较轻、职务较低、辈分较小的人对年纪较大、职务较高、辈分较高的人直呼姓名，则是没有礼貌的表现。

不称姓而直呼其名，是最亲切、最随便的一种称呼。但这只限于长者对年轻人、老师对学生或关系亲密的人之间，没有这种特殊关系而直呼人家的名字就不礼貌，甚至还会使人生厌。

朋友、同学、同事之间，因为相处长了，称呼可以随便一些，可在姓氏前加“老”、“小”、“大”等，如“老彭”、“小陈”等。在人的亲属、职称、身份等称谓前，加上“老”、“大”等词，是更为尊敬的称谓，如老厂长、大姐等。对德高望重的老年人，可以在姓后加“老”字，如“李老”、“张老”等，这种称呼是很恭敬的。

③对陌生人的称谓。对陌生人的称谓，一般来说可用以下几种方法：一是用通称。可根据人的具体年龄、性别、职业等情况称“同志”、“朋友”、“师傅”、“先生”、“小姐”等。对男人一般可以称“先生”，未婚女子称“小姐”，已婚女子称“夫人”或“太太”，若已婚女子年龄不是太大，叫“小姐”，对方也决不会反感。而称未婚女子为“夫人”就是极不尊重了。所以，宁肯把“太太”、“夫人”称作“小姐”，也决不要冒失地称对方为“夫人”、“太太”。一般说成年的女子都可称“女士”。二是可以亲属称谓相呼。可根据对方的性别、年龄等情况，以父辈、祖辈、平辈的亲属称谓相称，如“大伯”、“阿姨”、“老爷爷”、“大娘”、“大嫂”、“大姐”等。称呼对方“大嫂”还是“大姐”时，必须谨慎从事，因为对方婚否不好确定，在没有把握的情况下，称“大姐”比较稳妥。

（2）运用称呼语应注意的问题

一是要注意民族、时代、地域的差异。各个不同的国家、民族对人的称呼都有一些独特的习惯，如在日本，对妇女可不称“女士”、“太太”、“小姐”，而称“先生”，如“米费子先生”。而汉民族语言中的称呼语相对于其他民族语言中的称呼语要复杂得多，不仅要看人的性别、辈分、年龄，还要分敬称和谦称。有的民族语言就没这么讲究，如英语中的“aunt”翻译成现代汉语可以是“姨母、姑母、伯母、叔母”等等。所以各个民族有不同的称呼习惯，在实际运用中，要遵从各民族的习惯。

不同的地域，不同的生活习惯，造成了各种方言，所以还要注意方言间称呼的异同。如在大陆用得最广泛、最普通的“同志”称谓，而在港澳台，几乎就没有这个概念。所以与港澳台同胞打交道，不宜用“同志”这一称呼。

二是要注意口语和书面语的区别。口语相对于书面语而言，显得通俗、随便，更为亲切。现代汉语中，同一个对象，可有口语和书面语两种不同的称呼，如爸爸（口语）、父亲（书面语）。在口语中，如果面对称呼对象时，运用书面语中的称呼语就显得生硬、不自然、不亲切。但是，在口语中，书面语中的称呼语可以作为他称用语出现。如“我的祖父”、“你的母亲”等。

三是要注意语言环境和称呼对象的不同。在日常生活中，对我们比较熟悉的人，我们对其称呼就可随便点，甚至可叫别人小名、绰号，夫妻、恋人之间私下里还可用昵称，这样显得较亲切、自然，可以增加彼此之间的感情。但在公众场合，尤其是在会场上、课堂上，叫别人的小名、绰号，就会显得不严肃，太放肆，应当以“××同志”或“××同学”相称。对不太熟悉的人，对长辈、领导和老师，也都不宜用“小名”和“绰号”，否则，就会显得不尊敬。所以，运用称呼语时，应特别注意语言的环境和称呼对象，灵活使用。在不同的语境中，对不同的称呼对象，应运用适当的符合人的身份、地位及体现与自己恰当关系的称呼语。

(3) 得体的自我介绍有利于聊

自我介绍也是一门学问。谁都会介绍自己，姓甚名谁，来自哪儿，家住何方。但这样的介绍干干巴巴，不会给人留下什么印象。介绍过后你与人家交流还得重新自报家门。所以自我介绍不但要得体，还要出彩，这样才有利于沟通。

在日常交往中，自我介绍是必不可少的。从交际心理上看，人们初次见面，彼此都有一种了解对方，并渴望得到对方尊重的心理。这时，如果你能及时、简明地进行自我介绍，不仅满足了对方的渴望，而且对方也会以礼相待，自我介绍。这样，双方以诚相见，就为彼此的沟通及进一步交往奠定了良好的基础。

而且，在参加社交集会时，主人不可能把每一个人的情况都介绍得很详细。为了增进了解，你不妨抓住时机，多作几句自我介绍。时机有两种：一是主人介绍话音刚落时，你可接过话头再补充几句；二是如果有人表示出想进一步了解你的意向时，你可作详细的自我介绍。

自我介绍时应注意以下几点：

①要有自信心

在日常交往中，有些人怕见陌生人，见到陌生人，似乎思维也凝固了，手脚也僵硬了。本来伶牙俐齿的，变得说话结巴；本来笨嘴笨舌的，嘴巴更像贴了封条。这种状况怎能介绍好自己呢？要克服这种胆怯心理，关键是要自信。有了自信心，才能介绍好自己，给别人留下好的印象。

②要真诚自然

有人把自我介绍称为自我推销。既然推销产品时需要在“货真价实”的基础上做宣传，那么推销自我时也不能不顾事实而自我炫耀。因此，作自我介绍时，最好不要用“很”、“最”、“极”等极端的词汇，给人留下“狂”的印象；相反，真诚自然的自我介绍，往往能使自己的特色更闪闪发光，引起人们的注意。

③要考虑对象

自我介绍的根本目的是要给对方留下一个印象，因此要站在对方理解的角度来说话。比如第一次参加某方面的研讨会，你站起来说："我叫××，我来发个言。"此时在场的人一定会这么想：这是什么人？怎么从来没见过？他代表哪方面？他的意见值得听吗？所以，面对有这么多想法的听众，你只介绍"我叫××"是不行的，别人不会安心听你的发言。如果你理解了听众的心理，就可这样介绍："我叫××，是××大学的教师，我第一次参加这样的研讨会，望大家多多指教。现在我就这个问题谈谈自己的看法……"这样的介绍，才不会使听众心里产生疑团，也才能使听众安心听你的发言。

所以，在介绍自己时，一定要重视那个或那群与你打交道的人，要随机应变。如你面对的是年长、严肃的人，你最好认真规矩些；如与你打交道的人随和而具有幽默感，你不妨也比较放松地展示自己的特点，作出有特色的自我介绍来。

总之一句话，要在自我介绍中表现出你的口才，使它成为与人聊天和进一步交往的前提。

聊天哲语

聊天是增近人与人之间关系的大好时机，因此不要错过。

3. 掌握“一见如故”的聊天诀窍

人之本性喜好交往，追求友情。聊天成为人们生活不可缺少的手段。善于跟素昧平生者打交道，掌握“一见如故”的聊天诀窍，让我们能够接交更多的朋友。如何与素昧平生的人打交道呢，我们不妨从以下几点入手：

(1) 说好开场白

初次见面的开场白，是留给对方的第一印象。说好说坏，关系重大。说开场白的原则是：亲热、贴心、消除陌生感。常见的有三种方法：

①攀认式：赤壁之战中，鲁肃见诸葛亮的第一句话是：“我，子瑜友也。”子瑜，就是诸葛亮的哥哥诸葛瑾，他是鲁肃的同事挚友。短短的一句话就定下了鲁肃跟诸葛亮之间的交情。其实，任何两个人，只要彼此留意，就不难发现双方有着这样或那样的“亲”、“友”关系。

②敬慕式：对初次见面者表示敬重、仰慕，这是热情有礼的表现。用这种方式必须注意掌握分寸，恰到好处，不能乱吹捧，不要说“久闻大名，如雷贯耳”一类的过头话。表示敬慕的内容应因人、因时、因地而异。

③问候式：“您好”是向对方问候致意的常用语，如能因对象、时间的不同而使用不同的问候语，效果则更好。对德高望重的长者，宜说“您老人家好”，以示敬意；对年龄跟自己相仿者，称“老张，你好”，显得亲切；对方是医生、教师，说“李医生，您好”、“王老师，您好”，有尊重意味。节日期间，说“节日好”、“新年好”，给人以祝贺节日之感；早晨说“您早”、“早上好”则比“您好”更得体。

(2) 找出共同感兴趣的话题

说好开场白，仅仅是良好的开始。要聊得有味、聊得投机、聊得融洽，双方必须确立共同感兴趣的话题。有人认为，素昧平生，初次见面，何来共同感兴趣的话题？其实不然。生活在同一时代，同一国土，只要善于寻找，何愁没有共同语言？一位小学教师和一名泥瓦匠，两者似乎没有投机之处。但是，如果这个泥瓦匠是一位小学生的家长，那么，两者可就如何教育孩子各抒己见，交流看法；如果这个小学教师正要盖房或修房，那么，两者可就如何购买建筑材料、选择修造方案沟通信息、切磋探讨。只要双方留意、试探，就不难发现彼此有对某一问题的相同观点、某一方面共同的兴趣爱好、某一类大家关心的事情。有些人在初识者面前感到拘谨难堪，就因为没有发掘共同感兴趣的话题。

(3) 注意掌握对方的心理

要使对方对你产生好感，留下深刻印象，还必须通过察言观色，了解对方近期内最关心的问题，掌握其心理。例如，知道对方的子女今年高考落榜，因而举家不欢，你就应劝慰、开导对方，说说“榜上无名，脚下有路”的道理，举些自学成才的实例。

如果对方子女决定明年再考，而你又有自学、高考的经验，则可现身说法，谈谈高考复习需注意的地方，还可表示能提供一些较有价值的参考书。在这种场合，切忌大谈榜上有名的光荣。即使你的子女已考入名牌大学，也不宜宣扬。

(4) 重视告别语

有了良好的开场，也要有良好的收场。“再会”之类的告别语千篇一律，太俗太空，要努力设计能给对方留下深刻印象的告别语。如“祝你成功，恭候佳音!”良好的祝愿会使对方受到鼓舞；“今天有幸结识你，愿从此常来常往!”热情洋溢的语言会使对方受到感染。

以上四条秘诀看似简单，但要做好，还得遵循：情要热，语要妙的原则。情热，就是有满腔热情，直率真诚，不虚假，不做作，不吹牛，不炫耀自己；语妙，就是措辞得当，出言有礼，吐语生辉，忌喋喋不休地讲对方不感兴趣的话题。情热而语妙，纵使萍水相逢，也会一见如故。

聊天哲语

每一个人都需要与他人聊天，就像我们需要呼吸一样。

4. 怎么和陌生人聊天

聊天，大家都会。但是如何更好地和陌生人聊天，也许很多人都会很纠结。在这里，告诉大家一些简单实用上手快的交友技巧，望大家学习后能交到更多的朋友。

（1）阅人

看人很重要，即使你不会观察人，至少你的直觉会告诉你这个人当时的状态是怎样的，如果处于低落的状态，你就不能上去搭讪，也许他根本就没心情跟一个素不相识的人聊天。毕竟绝大部分人都习惯看心情做事，所以这点很重要。

（2）观察环境

如果你苦于不知道怎么开口和他开始交流，你可以观察周围，看能不能借周围的环境而展开话题聊天，或看他在做什么，然后找出共同点，展开话题。

（3）话题展开

有些人说不知道怎么能让话题保持持续不断，畅快地聊起来。聊天就是踢球的过程，你踢给我，我回给你，所以陌生人之间闲聊的时候不能把球给收了（就是不要对一个话题很快就给出结论），而要在话题中再延伸出其他的话题，话题之间的间隔不能太长，否则你们不是聊天了，而是在讨论，所以说聊天是跳跃的过程。

(4) 结束聊天

和陌生人之间的闲聊应该是短暂而畅快的，一般在 5 分钟之内就够了，你要学会观察他的表情适当做出结束闲聊的准备。当然，如果他很乐意陪你多聊会儿，如果你不介意，可以继续更长时间的交流。

聊天哲语

“沉默是金”在社交场合中是不适用的。

5. 把真实一面展示给对方

有一个寓言小故事：

蛇、兔子、蜘蛛、蜈蚣几个好朋友在家里吃饭、喝酒、聊天、侃大山。没多久，酒没了。大家商量让谁去买酒。

蛇说：“我没脚，爬得慢，我不去，让兔子去。”

兔子说：“蜘蛛八只脚，比我的多，让蜘蛛去。”

蜘蛛说：“我的脚再多也比不过蜈蚣大哥呀，让蜈蚣去吧。”

蜈蚣无奈，出门去买酒……一个多钟头过去了，两个钟头过去了，还不见蜈蚣买酒回来。

于是大家急了，也有些担心，让兔子出去看看，兔子一出门就看见蜈蚣在门口坐着，兔子问：“你坐这儿干什么呀？酒呢？大家都等着呢。”

蜈蚣也急了，说道：“废话！你们总得等我穿好鞋吧！”

当然，这是个笑话，在与陌生人交往中，如果总是考虑哪个脚多，怎样穿好鞋，那永远无法迈出第一步。

面对形形色色的陌生人时，我们习惯用冷漠把自己包裹起来。我们总是下意识地不愿把自己真实的性格展现给对方，不想让对方看透自己，觉得对方发现自己的弱点是个糟糕的后果。要知道，这样做会束缚了自己，也不能畅所欲言、自由地表现真实的自己。

有一个袋鼠雕塑家的故事……

有一只袋鼠是动物世界里的著名雕塑家，它想，自己的雕塑技巧虽然很高，但是，肯定不够完美，不足的地方会有许多，有必要征求一下大家的意见，以便进一步提高自己的雕塑技巧。

于是，袋鼠将自己认为做得不错的一尊雕塑放在了路旁，并在雕塑旁立了一个牌子，在牌子旁边准备了一个画笔。它在牌子上面写着：谁发现这尊雕塑有缺点，请在有缺点的地方涂上黑色。

一群猴子走了过来，它们发现了雕塑和牌子。大家都说雕塑作品很成功，但是，还是有一些不足之处。于是，每只猴子都在雕塑上涂了一笔。当最后一只猴子涂完后，袋鼠惊异地发现，这尊雕塑已经全部变成了黑色。

袋鼠很无奈，心想，难道整个雕塑没有一点可取之处？

袋鼠决定换一种涂抹方式。它将雕塑洗净，在牌子上写上：请在雕塑有优点的地方涂上白色。

恰好那群猴子又来了，它们又认真地观察了雕塑一番，并按要求涂了一遍。结果，整个雕塑又变成了白色。

除了猴子，还有斑马、兔子、角马、野驴、企鹅等动物经过这里，它们也按牌子上写的要求涂抹雕塑，结果是一样的——如果让涂缺点，不一会儿，整个雕塑全被涂成了“缺点”；如果让涂优点，不一会儿，整个雕塑全被涂成了“优点”。

很有意思的小寓言，它提示了人的眼光各异，认识的结果不尽相同。让所有的人认可一个人，让所有的人认可一件事情，那都是不可能的。因此，没有最完美的人和事，也没有一无是处的人或事。

因此，我们在人际交往聊天中，只要把自己性格的真实一面展示给对方，能够尽量表达自己的诚意，就是一次成功的交际。即使是再好的夫妻或朋友之间也会有矛盾和彼此讨厌的地方，初次见面的两个人更是如此。只要为对方做到周到的礼节是必须和应该的，但也不要奢求百分之百地被人接受和喜欢，就像上面小寓言中的袋鼠一样，如果你想得到所有人的认可，结果往往是可悲的。别人对你的评价是别人的事情，作为你自己，只要把你自己性格的真实一面展示给对方，就是一次成功的交际。

聊天哲语

好的人际关系大多是从闲聊开始的。

6. 与陌生人聊天的原则

不刻意伪饰，不刻意模仿，保持常态，这就是和陌生人聊天时最重要的一个原则。因此，初次见面与人聊天时，要遵循以下几点：

(1) 调整好自己的呼吸状况

说话每时每刻都要利用肺部呼出气流，一旦由于紧张而引起呼吸紊乱，就会使说出来的话颤巍巍，或者轻重不均匀，给人一种支离破碎的感觉。所以如果你觉得紧张，可以在说话前有规律地深呼吸几次，调整一下情绪，等呼吸稳定以后，再开口说话，声音就不会发颤了。同时深呼吸也可以帮助摄入足够的氧气，使头脑清醒，保持敏捷的思维。

(2) 精神集中，心无旁骛

聊天说话的时候不要走神，让大脑高速运转起来，佳词妙句就会源源不断自动喷涌。听话的时候更要专注，努力捕捉对方的眼神表情，积极做出回应，如会心地微笑、赞同地点头等。这不仅让对方觉得受到重视，因而情绪高涨，而且也会让自己的紧张情绪烟消云散，全身心投入到兴致盎然的聊天中去。

(3) 不要雕琢词句

和陌生人聊天，并不需要故作高雅，平时用什么词现在还用什么词。这不是说要口无遮拦，怎么想就怎么说。在说话的内容上，我们需要斟酌；可是在说话的方式上，我们可顺其自然，一些高雅的词汇，也许可以为你的话语增色，但是如果因此耗费了大量的心理能量以至于无法集中思考说话的内容，却可能会得不偿失地出洋相，一旦读错了一个音或说了一个病句，就会给心理上带来巨大的压力，如果再造成紧张的恶性循环，就会洋相百出了。

(4) 不要过分客气，使用太多的敬语

在初次见面的自我介绍中，可以使用一些敬语，但一旦谈话深入下去，“谢谢”、“请”、“您”这些词就不必总挂在嘴边了，否则就会显得很见外，双方的关系很难进一步发展起来。礼貌是必需的，但太礼貌比不礼貌更容易让人不自在。

(5) 不要故作幽默，要看场合和氛围

“幽默”是人际交往中的润滑剂，可以缓和紧张的气氛。这话没错，可“幽默”是一种很高级的交际技巧，需要灵活的思维、有趣的内容再加上语气、语调、手势、身姿等的密切配合才能达到良好的效果。对于害怕和陌生人交际聊天的人来说，远不具有这些交际能力，所以千万不要故作幽默，以免弄巧成拙。

聊天哲语

把握好闲聊的机会，可以迅速融洽双方的关系。

7. 真诚的问候能够拉近距离

初次见面，人们在陌生的场合中怎样才能顺利聊天呢？一般来说，问候是我们谈话聊天中不可或缺的因素。好的问候语则能够把两个陌生人之间的距离拉得很近。

有一次，一位心理学家应邀到一处少年教养院，为服刑的青少年辅导。当他面对年纪轻轻的罪犯时，一时间不知道该怎样称呼对方。

如果称对方为犯人，必然会让对方产生反抗心理，对辅导教育反而是不利的；称先生，显然也不合适，最后他用了“误触国家法律的年轻朋友”这一个特别的称呼。

谁知，这一称呼竟收到了意想不到的效果，那些少年犯听到这一称呼时都专注地凝视着他，有的还激动得哭了。辅导自然收到了很好的效果。

一句问候语往往包含了三种含义：我把尊重送给你，我把亲切感送给你，我十分珍惜我们之间的友谊。而当我们把这三样礼物，通过一句问候语送给对方的同时，也表现出自己的热情、开朗、风度以及涵养。

有位西方文学家说：“只要热情犹在，哪怕青春消逝。”所以西方人见面时总是满面笑容地彼此问候“你好吗?”“早啊!”此类的话。而类似的问候语，能够使我们和他人之间产生和谐、友善、热情和尊重的气氛，就像“请”、“谢谢”、“对不起”一样，都能显示语言调适心灵的乐趣，显示我们对他人的尊重、与人为善的功能，所以我们千万不能忽略它们的作用。

初次见面，由于是陌生人，一句真诚的问候，会让对方感到亲切，消除对方的陌生感。

小刘的家在外地，他经常坐火车回家探亲。一坐就是十几个小时，他经常主动同周围的人打招呼，“你好，你也是回家探亲吧？”或者说：“你好，能不能把您的报纸借我看一下。”于是原本陌生的人就聊了起来。小刘说，每次坐车他都能认识几个朋友，分手时互相留下电话，像老朋友一样亲切，长时间的旅途非常愉快。

初次见面聊天，我们都一般习惯于用“您好”、“你好”、“久仰”等来问候他人，可也有一些本来不是单纯的问候用语，却可以在问候中巧妙地使用，这些言语包括：

(1) 谢罪的语言：对不起、实在抱歉、劳驾、过意不去、不大合适、失礼、请原谅等；

(2) 慰问的语言：辛苦了、受累了、麻烦了等；

(3) 同情的语言：太忙了、不得了啦等；

(4) 拜托的语言：关照、承蒙关照、拜托、劳驾、麻烦、鼎力等；

(5) 致谢的语言：多谢、感谢、破费、费心、拜谢等；

(6) 挂念的语言：身体好吗、怎么样、不妨碍的话等；

(7) 赞赏的语言：太好了、真棒、太美了等；

(8) 询问的语言：贵姓、尊姓大名、贵庚、寓寿、青春几何等；

(9) 尊称与谦称：阁下、仁兄、贤弟、令尊、令堂等。

上面的这些言语虽然也有单独使用的，但如果同日常问候用语结合起来使用，可以起到更好的效果，能使对方迅速做出预期的反应，这些问候语，要不断地使用，才能在与陌生人交流中达到良好的效果。

聊天哲语

谁掌握了聊天的技巧，谁就把握住了话语权，成为聊天中的主角。

8. 合理话题，打开陌生人的话匣子

每个人，都不愿意自己给人留下难以交往的印象，就算是那些冷漠寡情的人，他们也在不断地寻求一种通道，达到与他人的交流和沟通。

广交朋友、多交朋友似乎已成为一种社会的时尚，人与人之间的联系越来越频繁。如果在你与人相处之时，能保证对方心情愉快，没有丝毫的戒备、恐惧和不安，自由的空气和欢乐的气氛始终围绕着他，那么你就能达到很自然的聊天状态之中。

合理的聊天内容有利于彼此间思想感情的交流与沟通，可使双方增长知识，使精神生活更加丰富。有人在社交中常常苦于无话可聊，不知同对方聊点什么，以下几点可供参考：

（1）从社会的热门话题中寻找。人们普遍关心的话题最有吸引力。

（2）从双方的爱好中寻找。共同的情趣可使你们的谈话妙语连珠，趣味横生。

（3）从双方的工作内容角度寻找。相同的职业容易引起共鸣，不同的职业更具有新奇感、吸引力。

（4）从彼此的经历中寻找。经历是学问，亲身经历过的人和事往往会给人留下极深的印象。聊这些最易敞开心扉，最易见到真情。

（5）从双方的发展方向角度寻找。人都关心自己的未来、前途与命运是长盛不衰的永恒的话题。人生若没有前进的方向，生活便失去了动力。这类话题最易触动对方最敏感的神经。

（6）关注家庭情况。聊家庭生活并不一定就是俗气。家庭是社会的细胞，家庭生活是每个人的生活重心，这类话题也不必做准备，随时随口都可聊。

(7) 关注子女教育。孩子是父母生活的希望，孩子的教育牵动着家长的心。怜子、爱子、望子成龙是家长的共同心理。谈及孩子，即使是性格内向的人，也会眉飞色舞、滔滔不绝。

聊天哲语

聊天是一种精神疗法，它能剔除忧虑、排除痛楚、摆脱孤独、调整心态。

9. 让陌生人不再陌生

我们周围的熟人其实都是由陌生人变成的。所以说与陌生人交往重要的是要把陌生人当成熟人来看待，不要惧怕，同时要以真诚、坦率的心态来接受他们，这样，陌生人也就将变成你今后的朋友。

日常生活中，我们经常会与陌生人打交道，而很多人都有一种害怕陌生人的心理。须知，只有消除这种心理，才能达到与陌生人沟通的目的。

美国著名记者阿迪斯·怀特曼指出，害怕陌生人的这种心理，我们大家都会产生。例如在聚会上，我们想不到用什么风趣或是言之有物的话来表达；在求职面试中想用自己的嘴巴给对方留下个好印象。事实上，无论何时何地，我们遇上陌生人时，心里都会七上八下，不知该怎样打开话匣子。

然而，懂得怎样毫无拘束地与人结识，能使我们扩大朋友圈，使生活丰富起来，对于我们真的是很重要的一件事。

多年来阿迪斯以记者身份往返世界各地，他和陌生人的谈话有许多是毕生难忘的。他说："这就好像你不停地打开一些礼物盒，事前却完全不知道里面有什么。老实说，陌生人引人入胜之处，就在于我们对他们一无所知。”

阿迪斯举例说，新奥尔良是个修女，她看起来温文尔雅，不问世事。但是阿迪斯不久便发现她的工作原来是协助粗野的年轻释囚重新做人。他还在加拿大一列火车上遇到一位一本正经的老妇，她说她正前往北极圈内的一个村庄，因为她听人说在那里她会见到北极熊在街上走！

阿迪斯说：“跟我谈过话的陌生人，几乎每一个都使我获益匪浅。”一个在公园里遇到的园丁，告诉阿迪斯关于植物生长的知识，比他从任何地方学到的都多。埃及帝王谷一个出租车司机，请阿迪斯到他没铺地板的家里喝茶，让他认识到一种与自己迥然不同的生活方式。在挪威奥斯陆，一个二次世界大战时曾经参加秘密抵抗组织的战士，带阿迪斯到海边一个风吹草动的荒凉高原。他告诉阿迪斯说，就在那个地方，纳粹为了报复抵抗组织的袭击而把人质处决。

我们过去从来没有见过的人，甚至能帮助我们认识自己。因为我们可能对一个陌生人说出我们时常想说但又不敢向亲友开口的心里话，他们因此便成了我们认识自己的一面新镜子。

如果运气好，和陌生人的偶遇还会发展成为终身不渝的友谊。仔细想来，我们的朋友哪一个原来不是陌生人？阿迪斯说：“世界上没有陌生人，只有还未认识的朋友。”

那么，我们遇上陌生人，怎样才能好好利用这一刻与他们聊下去呢？

(1) 先了解对方

美国总统罗斯福是一个交际能手。早年还没有被选为总统时，在一次宴会上，他看见席间坐着许多不认识的人。如何使这些陌生人都成为自己的朋友呢？罗斯福找到自己熟悉的记者，从他那儿把自己想认识的人的姓名、情况打听清楚，然后主动叫出他们的名字，谈一些他们感兴趣的事。此举大获成功，这些人很快成了罗斯福竞选时的有力支持者。

(2) 选择适宜的话题

如果觉得“实在没有什么好说”，可以考虑以下话题：

①坦白说明你的感受

例如你可能在晚餐会上对自己嘀咕：“我太害羞，与这种聚会格格不入。或是刚好相反，你认为许多人讨厌这种聚会，但是我很喜欢。”

不管你怎么想，你要把你的感受向第一个似乎愿意洗耳恭听的人说出来。这个人可能就是你的知音。无论如何，坦白说出“我很害羞”或“我在这里一个人也不认识”，总比让自己显得拘谨冷漠好得多。

最健谈的人就是勇于坦白的人。这还有一个好处，如果你能坦诚相见，对方也会无拘束地向你吐露心声。

一次，阿迪斯跟写过一本好书的心理学家谈话。阿迪斯通常对这类的访问都能应对自如，而且会从中得到很大裨益，所以当他发觉自己结结巴巴，不知怎样开口时，简直大吃一惊。最后阿迪斯说：“不知为什么我对你有点害怕。”那位心理学家对阿迪斯这个说法非常有兴趣，随即大家就自然谈起来了。

②谈谈周围的环境

如果你十分好奇，你自然会找到谈话题目。有一次一个陌生人审视周围，然后打破沉默，开口说道：“在鸡尾酒会上可以看到人生百态!”这就是一句很有趣的开场白。

阿迪斯有一次坐火车，身边坐了一位沉默寡言的女士，一连几个小时他千方百计引她说话都未成功。等到还有半个小时就要分手时，他们经过一个小海湾，大家都看到远处一角上一座独立无依的房屋。她凝视着房子，一直到看不到它为止。然后她突然说道：“我小时候就生活在像这种古无人迹的地方，住在一座灯塔里。”接着她忆述了那种生活的荒凉与美丽。

③以对方为话题

有一次，阿迪斯听见一位太太对一个陌生的女士说："你长得真好看。"也许，我们大多数人都没有说这种话的勇气，不过我们可以说："我远远就看见你进来，我想……"或是："你看的那本书正是我最喜欢的。"

④提出问题

许多难忘的谈话都是从一个问题开始的。阿迪斯常常问他人："你每天的工作情况怎样?"通常人们都会热心回答。你的身体好吗？你的业务生活很丰富，近日又有何活动？你近日去哪旅游呢？……

(3) 掌握引导别人让聊天进行下去的方法

在交谈中，除了吸引对方的兴趣之外，还必须学会引导对方加入交谈。

常听到一些青年人说：他们在约会的时候，老是不能保证交谈生动活跃。其实，这本来是一个非常易于掌握的技巧，只要问一些需要回答的话，谈话就能持续下去。但是，如果你只问："天气挺好的，是吧?"对方用一句话就可以回答了："是啊，天气真不错!"这样，谈话也就很难进行下去了。

如果你想让你的谈话对象开口畅谈，不妨用下列问句来引导："为什么会? ……""你认为怎样不能? ……""按你的想法，应该是? ……""你如何解释? ……""你能不能举个例子?"总之，"如何"、"什么"、"为什么"是提问的三件法宝。

(4) 说话要简洁而有条理

不懂节制是最恶劣的语言习惯之一。无论是和一位朋友交谈，还是在数千人的场合演讲，最重要的就是"说话扼要切题"。担任企业行政主管的人几乎都认为：在商业场合里，最让人头痛的就是讲话没有条理。不知有多少人的时光都因此浪费在那些信口开河、多余无聊的车轱辘话中去了。

如果你说话的目的是要告诉别人一件事，那就直截了当地说出来，不必扯得过远。

（5）聊天中要避免过多的使用“我”

人们在口头最常用的字之一就是“我”。这些人应该学学苏格拉底，不说“我想”，而说“你看呢？”

曾有这么一个笑话：在一个园艺俱乐部的聚会中，有位先生在3分钟的讲话时间里，用了36个“我”。不是说“我……”就是说“我的……”“我的花园……”“我的篱笆……”结果，他的一位熟人忍不住走过去对他说：“真遗憾你失去了妻子。”“失去了妻子？”他吃了一惊。“没有！她好好的啊！”“是吗？那么难道她和你谈到的花园一点关系都没有吗？”

（6）要尽量少插嘴

插嘴，就像是一把“钩子”，不到万不得已时，最好不要用它。约翰·洛克说：“打断别人说话是最无礼的行为。”

不要用不相关的话题打断别人的谈话；不要用无意义的评论扰乱别人的谈话；不要抢着替别人说话；不要急于帮助别人讲完故事；不要为争论鸡毛蒜皮的小事打断别人的正题。总之，别轻易插嘴，除非那人讲话的时间拖得太长，他的话不再吸引人，甚至令人昏昏欲睡，已经引起大家的厌恶。

（7）留心倾听

聊天是我们平时沟通最直接、最简单的方式，但聊天谈话的另外一面是倾听。没有倾听就没真正的交谈，也就达不到真正沟通的目的。

跟新认识的人聊天谈话的时候，你要看着他，好好地反应，鼓励他继续说下去。这样，倾听就不是被动，而是主动，是不断向前探索。有意义的谈话——有别于无聊的闲谈——其目的就是在于互相发现和了解。

总之，在我们生活中，要每天和我们擦肩而过的陌生人太多了，我们当中许多人都不愿意和陌生人说话，殊不知和陌生人短暂的聊天还会对你有所影响，或许一次邂逅成为你以后生命的一部分。

聊天哲语

每天我们都是在一边闲聊一边生活。换句话说，我们几乎是百分之百地通过闲聊与他人沟通。

10. 迂回出击，激起对方的聊天欲望

一位靓丽的“摩登女郎”在一个首饰店的柜台前看了很久。售货员问了一句：“这位女士，您需要买什么？”

“随便看看。”女郎的回答明显缺乏足够的热情。可她仍然在仔细观看柜台里的陈列品。此时售货员如果找不到和顾客共同谈论的话题，就很难营造买卖的良好气氛，可能会使到手的生意溜走。

细心的售货员忽然间发现了女郎的上衣别具特色，于是就找到了聊的话题，于是售货员开口说：“你这件上衣好漂亮呀！”“啊！”女郎的视线从陈列品上移开了。

“这种上衣的款式很少见，是在隔壁的百货大楼买的吗？”售货员满脸热情，笑呵呵地继续问道。

“当然不是！这是从国外买来的。”女郎终于开口了，并对自己的回答颇为得意。

“原来是这样，我说在国内从来没有看到过这样的上衣呢。说真的，你穿这件上衣，确实很吸引人。”

“你过奖了。”女郎有些不好意思了。

“只是……对了，可能你已经想到了这一点，要是再配一条合适的项链，效果可能就更好了。”聪明的售货员终于顺势转向了主题。

“是呀，我也这么想，只是项链是一种贵重商品，我很怕自己选得不合适……”

“没关系，我来帮你参谋一下……”

于是，在售货员的参谋下，这位女郎精心地挑选了一条很适合自己的项链，售货员也顺利地推销出一条项链。

聪明的售货员正是巧妙运用了合适的聊天话题，激起对方的谈话欲望，然后顺势引导那位陌生的女郎，最终成功地推销了自己的商品。

同陌生人说话聊天，由于双方素不相识，互不了解，如果不注意聊天的方式，交谈起来就会很困难。只有找到合适的话题，激起对方的谈话欲望，就能使双方谈话融洽自如。

聊天哲语

聊天是融入群体大门的金钥匙。

11. 与陌生人闲聊，让你办事更顺利

初入新的环境下，我们难免会感到无助、恐慌。其实，我们不必为此担心，完全可以运用嘴巴来打开局面。

口才训练专家提出了这样的建议：你首先要做的，便是忘记陌生，抛开戒备，与陌生人多多交流，这样才可以让你调动自身的情绪，让自己变得健谈，只有这样，你才能更快地融入环境，打开局面。

有一家电器厂，生产销售形势一直很好。但是贷款被人拖欠、占压

的情况较为严重，致使资金周转困难，新产品的开发、销售产品生产的扩大都受到很大的限制。

电器厂就让业务员小李去某公司讨债。该公司购买了电器厂价值 11.4 万元的电器，加上运费共 11.62 万元，仅支付了 2 万元贷款。在长达一年的时间里，电器厂多次派人催讨，或电函催收都无任何效果。

业务员小李没有以债主的身份先找该公司的经理，而是从各种渠道对该公司的经营方式、经营状况、该公司的经理的性格作风等各方面进行了一番调查研究，从中发现了很多有价值的材料，比如公司在兼并亏损的小厂方面有一套独特的经验，该公司的经理早期的奋斗十分的艰辛，等等。经过充分准备之后，小李走进该公司总经理的办公室。

见到总经理，小李很有礼貌地打了个招呼说："我是来向你们取经的！"小李又笑着说："听我们老总说，你们制定了一个'成本控制法'，应用于企业管理，很有成效。真是巧合，我们厂也自己拟定了一个控制成本的方法，但是贯彻不下去，所以厂里让我来向你们学习学习。不知总经理肯不肯赐教？""赐教谈不上。我们的办法也还很粗糙，问题也还多，推行的时间也不长，现在还处在边试边改的阶段。请问，你们厂是怎样搞的呢？"显然，该经理对他的这一成果很是自豪，丝毫没有怀疑对方的真实意图。

小李对企业管理也十分熟悉，于是就半认真、半胡诌地谈起自己厂里的"实施方案"来。自然，这一方案是他信口胡编的，而且还故意编出了一些破绽，以期引得对方提出不同的看法。总经理很高兴见到这样一个"推行不下去"的方案，难免对其有价值的部分、有问题的环节评价一番。这时，小李谦虚地仔细倾听，还拿出一个小本记一记，时而提出一个问题。就这样，两人越谈越投机，越谈越深入。其间，聪明的小李不提债务一个字，该经理甚至连对方是哪个厂的都没弄清楚，只知应酬，热情地邀请小李到饭店边吃边谈。

关于企业、人生和创业，他们聊了许多。这时，他们已像老朋友一般推心置腹，颇有相见恨晚之感。酒酣耳熟之际，小李向他说明来意，在说明厂里困境的同时，又说明自己也面临困境，但也表示不能让经理为难，"你可以按认为合适的时间支付"。总经理一听，十分爽快，当即表示：区区几万元不在话下，再欠也不能欠你们厂的，一定马上给你派人解决。

结果，当天下午，薛某就拿到了转账支票。

这个讨债案例，就是巧妙地运用了"聊天"的方式。准确地说就是讨债人利用人际交往中的心理交流，通过与债务人建立某种信任、友谊和支持，造成一种融洽的气氛，从而达到目的。

聊天哲语

与人聊天是一件大快事，也是人类社会最基本的生存工具。

第3章 如何聊天不冷场

西方有哲人曾说："世间有一种成就可以使人很快完成伟业，并获得世人的认可，那就是讲话令人喜悦的能力。"

1. 寒暄是拉近关系的开场白

闲谈如春风，似细雨，闲谈说得恰当，说得及时，会化解彼此的陌生感，拉近彼此间的关系。

你要想让对方对你畅所欲言，首先要调动对方的情感，使对方的思维展开，这时人的心理才具有容纳性，才容易接受你的观点和劝导。

闲聊成功的前提是，要对对方有一定的了解，对于他的一些最基本的东西要熟记于心，这样你才能占据主动，同时谈话时语气要轻松柔和，就像茶余饭后的闲谈，语气缓和，充满感情，让对方彻底放松。

寒暄语没有固定的模式，只是在寒暄时，需注意以下几个问题：

(1) 要争取主动

在与别人相遇的瞬间，要迅速培养自己的愉快情绪，要争取主动，充分体现自己的良好愿望和真诚，要使对方从你的言行反应中感到自己的存在，使其受人尊重的心理得到满足。同时，积极的姿态也是富有自信、易于合作的性格体现，这有利于融洽人际关系。

(2) 集中注意力

任何漫不经心的言行只能使对方感到被轻视。甲与乙是机关里同科室同事，在电影院里，乙将自己的丈夫丙介绍给甲。短暂的握手之后，甲想说几句什么以表示自己的友好态度，不料丙却旁顾左右，自顾对乙扯起其他闲话，将甲“晾”在一边。甲感到受到冷落，心里很是不快。倘若丙在握手之后，能够再寒暄一两句，就不会有这种缺憾产生了。

(3) 善于选择话题

根据社会学家的研究，与生人见面后的四分钟内，只宜作一般性的寒暄，如问候，互通姓名，谈论一些无关紧要的话题，应绝对避免提出易于引起争议的话题。至于老朋友、老同学、老乡或熟人相见寒暄，也有个选择话题的问题。基本原则是体现出与对方的相知，以及对对方的关心。如："近来身体好吗?""听说你有乔迁之喜，祝贺你！新居宽敞吗?""恭喜你儿子考上大学!""最近厂里忙吗?""你那本书写完了吗?""前些日子路上遇见你父亲，他老人家身体真不错!"等等，如此的寒暄，使对方感受到温暖，而且也比较易回答，易于展开谈话。

(4) 讲究方式

与生人初次见面的寒暄，一般须有两三个回答往复的过程。熟人间的寒暄，往往只须一句话、一个招呼甚至只须一个眼神，一个微笑，一个手势。如果久不见面，则宜有两三个问答往复的过程。言语的长短，言语往复的次数多少与交谈双方关系的亲疏程度、分别时间的长短成正比。

(5) 注意场合

在某些公众场合，如影剧院、咖啡厅、会场、阅览室，应避免大声喧哗。那种隔了老远的大呼小叫，是一种旁若无人的无礼行为。此外，在比较正式的场合，言行举止不宜过于随便。

聊天哲语

聊天能调节紧张的情绪，也是一种难得的精神享受。

2. 赞美话，轻松套近关系

赞许别人的实质，是对别人的尊重，也是送给别人最好的礼物和报酬，是搞好人际关系的一笔暂时看不到利润的投资。

每个人都喜欢受到别人的赞美。即使是一句简单的赞美之词，也可使人振奋和鼓舞，使人得到自信和不断进取的力量。

每个人都渴望得到别人和社会的肯定和认可，我们在付出了必要的劳动和热情之后，都期待着别人的赞许。那么，把自己需要的东西，首先慷慨地奉献给别人，体现的是我们的大方和成熟。

世界上的人大都爱听好话，没有人打心眼儿里喜欢别人来指责他，就是相濡以沫的朋友，你批评他几句，对方往往脸上也有挂不住的时候。

美国哈佛大学的专家斯金诺，通过一项实验研究结果表明，连动物的大脑在收到鼓励的刺激后，大脑皮层的兴奋中心也会开始调动子系统，从而影响行为的改变。同样的道理，人类作为万物的灵长，期望和享受欣赏是最基本的需求之一。

一位日本的社会心理学家说过："人们对你赞誉、佩服或表示敬意时，除非显而易见地是溜须拍马，即使是应酬话，你也许还是觉着舒坦。可是，听到他人对你不中听的批评言语时，即使他没有恶意中伤，而且又部分符合实际，你也可能长期对它抱有反感。"

这位心理学家的话恐怕不仅仅是对日本人而言的，在一定程度上，它是渗透了人性在对待赞许和批评方面的底蕴而发的透彻议论。中国也有相同的经验之谈，不过言简意赅，没那么具体。"多栽花，少栽刺"，就是这方面既直接，又深富哲理的良策警语。

在与人的交往中，适当地赞美对方，总是能够创造出一种热情友好、积极肯定的交往氛围。这是因为：

(1) 赢得别人的赞许，是人类的一种本能的需要

人们正是在别人的赞美声中认识自己的存在价值，获得非常重要的社会满足感。人在婴儿时期，就从父母的点头、微笑、拍手、抚摸等赞美性的动作中获得满足。成人以后，更多的是在别人、在社会舆论的赞许声中获得强烈的成就感。在社会心理学上，被称为"社会赞许动机"。

应该认识到，每一个人都有他的优点和长处，这些优点和长处正是个人存在价值的生动体现。人们一般都希望他人能看到和肯定自己的优点和长处，从而肯定自己的价值。因此，诚恳的赞美之声，总是能够博得对方的欢心，同时也为自己打开局面创造了良好的气氛。

(2) 赞美能促使对方形成良好的行为规范

英国前首相丘吉尔说过："你想要人家有怎么样的优点，那你就怎么样去赞美他吧。"这话很有道理。因为，在人和人的交往中，适当的赞美能束缚对方的缺点，引其向善。比如，对方本来具有优柔寡断的缺点，若听你称赞他很果断，那么他就可能鼓足勇气向自己的缺点挑战，努力朝你赞许的方向去努力。因为他的自尊心受到了你赞扬声的激励。

(3) 适当地赞美对方，能够很自然地赢得对方同样友好的回报

根据行为科学的理论，别人对待你的方式，大部分取决于你对他们的态度。有的人总是抱怨别人不热情、不友好。其实该反省一下自己。打个不完全贴切的比方：面对镜子，如果镜子中的形象令你不悦，那原因最好从自己的脸上去找。一个热情友好的赞许，总能换取对方同样的态度，从而为相互沟通开绿灯。

可见，赞美对方的宗旨是尊重对方、鼓励对方，以及创造友好的交往气氛。因此应该真心实意、诚恳坦白、措辞适当。如果因为有求于人才表示赞许，会令对方感到你动机不纯。所以，当你不需求对方什么的时候，表示赞许才显出诚意和可信。对别人的赞许也不必过于频繁，过于频繁就失去了鼓励的意义，并显得滑头、俗气，反遭轻视。赞美的话语不宜过分，言过其实的恭维话就成了"拍马屁"，只会被人耻笑。这都说明赞美他人须掌握一定的"度"。

一个恰如其分的赞美，还表现在赞美题材的选择上。即根据不同的对象、不同的关系、不同的场合，选择不同的赞美题材。比如，对于年长者，可赞美他的健康、经验、知识、地位或成就；对同辈人，可赞许他的精力、才干、业绩和风度；而对初见面者，则主要赞美其可见的外表或已知的实绩；在公众场合，赞许对方那些可引起众人同感的品德、行为、外表和长处比较适宜；到别人家中做客，则可赞美其孩子的聪明、妻子的烹调手艺或家居布置等。实际上，除了对方的忌讳和隐私以外，只要实事求是，态度诚恳，赞许的题材随手可拾。

恰如其分的赞许还需有赞美的方法。下面几种方法可供借鉴：

①直接赞许

当着对方的面，以明确、具体的语言，提及对方的名字（或尊称、昵称），微笑地赞许对方的行为、能力、外表或他拥有的物品。比如你的同事剪了个新发型，与其泛泛说："你的发型不错。"不如说："玛丽，这个新发型使你年轻了 10 岁。"这样能够强调你表示赞赏的证据及针对性，而不是敷衍了事。如果能在直接赞美之后，用一个问题衔接下去，效果则更好。比如，"这是在哪家发型屋做的?"或"你怎么想到选择这种发型的?"这让对方不至于因为要匆忙做出适当的反应而尴尬。

②间接的、含蓄的赞许

即运用语言、眼神、动作、行为等向对方暗示自己赞赏的心情。比如，在公众场合你特地请某人签名留念，这个行为就意味着你对他的赞美。你特地向一位女士请教，就暗示着你很重视和欣赏她的能力。聚精会神地听对方谈话，并不时微笑着点点头，也是一种表示赞许的方法。

③预先赞许

如果对方有较强的自尊心和一定的领导能力，那么也可以按照你对他的期望预先赞美他。这样可以调动他的自尊心，鼓励他朝你热切希望的方向发展，以约束他朝相反的方向发展。比如，希望对方能按时赴约，不妨用预先赞许的方式说："你的工作效率和时间观念给我留下了深刻的印象……那么好，咱们说定了，下午两点半见面。"

赞扬不仅能改善人际关系，而且能改变一个人的精神面貌和情感世界。赞扬的过程，是一个沟通的过程。通过赞扬，你得到了对方的欣赏和尊重，自己享受了自尊、成功和愉快。既然赞扬是人际交往的润滑剂，我们就要在和周围人交往的过程中，毫不吝啬地赞扬别人，让赞许动机获得广大而神奇的效用。

赞扬表达的是我们的一片善心和好意，传递的是你的信任和情感，化解的是你有意无意间与人形成的隔阂和摩擦。对人表示赞许有如此多的好处，你何乐而不为呢?

聊天哲语

聊天具有调节心理、愉悦情怀的奇特功效。

3. 艺术的批评，让对方不尴尬

有这么一个故事:

多年来，罗克常到离家不远的公园中散步和骑马，以此作为消遣。罗克非常喜欢橡树，所以每当看到公园里的一些橡树被烧掉时，他就十分痛心。这些火差不多都是由到园中野炊的孩子们造成的。有时火势很凶，必须叫来消防队才能扑灭。

公园的角落里有一块牌子，警告人们不要在公园玩火，违者罚款。但由于牌子在角落里，很少有人看见它。公园里有一个警察负责骑马巡逻，但他对自己的工作不太认真，火灾仍然时常发生。

有一次，罗克又看到公园失火，就急忙跑去告诉警察快叫消防队，可没想到那家伙却说那不是他的事，罗克非常失望，于是以后罗克再到公园里散步的时候，就担负起了保护公园的义务。当他看见树下起火时就非常生气，急忙上前警告那些野炊的孩子们，用威严的辞令命令他们把火扑灭。如果他们不听，就会恐吓要把他们交给警察。就这样，罗克只是按照自己的想法去做，只是在发泄自己的情感，全然没有考虑孩子们的感觉。

结果呢，那些儿童怀着一种反感的情绪暂时遵从了。等罗克转过身去的时候，他们又生起了火堆，并恨不得把整个公园烧尽。

随着时间的推移，罗克逐渐懂得了与人相处的道理，知道了怎样使用说话的技巧。于是他不再发布命令，甚至恐吓。而是以温和聊天的方式来劝说："孩子们，玩得高兴吗？你们在做什么晚餐？我小时候，也很喜欢生火，直到现在我仍然很喜欢，但你们知道在公园里生火是很危险的吗？我知道你们几个会很小心，但别的孩子就不一样了。他们来了也会学着你们生火，回家的时候却又不把火扑灭，这样就会烧掉公园里的所有树木。如果我们再不谨慎的话，我们就不会再看到这里的树木了。因为在这里生火，还有可能被警察抓起来。我不干涉你们的兴致，我很愿意看到你们开开心心的，但我想请你们在离开时，把火用土埋起来，并把火堆旁边的干枯树叶拨开，好吗？你们下次来公园玩时，可不可以到山丘的那一边，就在那沙坑里点火，那样就不会有任何危险了。多谢了，孩子们，祝你们玩得快乐。"

罗克把批评的话说软，孩子们听了之后都很愿意接受和合作。罗克的批评方式为孩子们保全了面子，双方的感觉都很好，因为罗克在处理这件事时，完全掌握了批评的"软"技巧。

罗克的做法让我们悟出一个道理：批评是一种艺术。在开展批评时，一定要讲究方式方法，否则难以达到预期效果。那么，采取什么样的批评方式才会取得好的效果呢？

(1) 体谅对方的情绪，取得对方的信任

这是使批评达到预期效果的第一步。"心直口快"作为人的一种性格来说，在某些方面的确可体现出它的优点，但在批评他人时，"心直口快”者往往不能体谅对方的情绪，图一时“嘴快”，随口而出，过后又把说过的话忘了，而在被批评者的心里却蒙上了一层阴影也失去了对批评者的信任。所以当你在批评他人时，不妨学会从别人的角度来看问题，设身处地地站在对方的立场考虑一下，自己是否能接受了这种批评。如果所批评的话自己听来都有些生硬，有些愤愤不平，那么就该检讨一下措辞方面有何要修改之处。

另外，也要考虑场合问题。不注意场合的批评，任何人都不会接受的。

(2) 诚恳而友好的态度

批评是一个敏感的话题，哪怕是轻微的批评，都不会像赞扬那样使人感到舒畅，而且，批评对象总是用挑剔或敌对的态度来对待批评者。所以，如果批评者态度不诚恳，或居高临下，冷峻生硬，反而会引发矛盾，产生对立情绪，使批评陷入僵局。

因此，批评必须注意态度，诚恳而友好的态度就像一剂润滑剂，往往能使摩擦减少，从而使批评达到预期效果。

(3) 用含蓄的批评来激励对方

英国18世纪著名评论家约瑟·亚迪森曾说：“真正懂得批评的人看重的是‘正’，而不是‘误’。”这里所说的“正”，实际上就是隐恶扬善，从正面来加以鼓励，也就是一种含蓄的批评，能使批评对象不自觉地改正自己的错误和缺点。可以说从正面鼓励对方改正缺点，错误的间接的批评方法，比直接批评效果会更快、更好。因为这种批评方法易于被对方接受，从而产生良好的效果。

在开展批评时，还有几个问题务必引起注意。

①就事论事，勿伤及人格

批评他人，有什么问题就说什么问题，切勿把“陈谷子烂米糠”统统翻出来，纠缠在一起，算总账。这样做，只能引起对方的反感。而揭对方的疮疤，甚至伤害其人格，则最容易引起对方的愤怒，应绝对避免。

②具体明确，勿抽象笼统

在批评他人之前，先要明确是就哪件事或事情的哪个方面进行批评，那么就以事实为基础，越具体明确越好。抽象笼统，“一竿子打死一船人”，别人就难以弄懂你的意思。

③语气亲切，勿武断生硬

有什么样的态度就有什么样的用语。如果态度诚恳，语气也必定会亲切，让人听了心里舒服；如果态度生硬，自以为是，别人也就不会买你的账。有的人批评人时总喜欢用“你应该这样做……”“你不应该这样做……”，仿佛只有他的看法才是正确的，这种自以为是的口吻只会引起人的反感。

④建议定向，勿言不及义

批评和建议是紧密联系在一起的，批评的主要目的是希望对方能改正缺点、错误，从而向正确的方向发展，所提的建议当然应该是为对方指出方向。但有的人提的建议不具体，让人糊里糊涂，弄不明白。如有客人要来家吃饭，妻子对丈夫说：“你能不能不老在那看报?”不如说：“你能不能帮我摆好桌椅、碗筷，客人就要来了。”这样就从另一个角度婉言批评了丈夫的懒惰，同时给他指明了改正的方向。

聊天哲语

在日常生活中，与人聊天是一种常用的联络感情方式。

4. 直话不要说，多说委婉话

在日常聊天总有一些人们不便、不忍或者语境不允许直说的话题，需要把“词锋”隐遁，或把“棱角”磨圆一些，使语意软化，便于听者接受。说话人故意说些与本意相关或相似的事物，来烘托本来要直说的意思。

委婉法是说话时的一种“缓冲”方法。委婉语能使本来也许是困难的交往，变得顺利起来，让听者在比较舒坦的氛围中接受信息。因此，有人称“委婉”是办事语言中的“软化”艺术。例如巧用语气助词，把“你这样做不好!”改成“你这样做不好吧。”也可灵活使用否定词，把“我认为你不对!”改成“我不认为你是对的。”还可以用和缓的推托，把“我不同意!”改成“目前，恐怕很难办到。”这些，都能起到“软化”效果。

做人正直很有必要，但说话一味正直就不太可取了，因为不适当的直言如同反面说话一样，是一种消极和否定的语言暗示，不是使人抵触反感，就是使人顾虑重重，增加心理压力。

不懂玩“心眼”的人总是说话直来直去，不仅会伤人自尊，也会反伤自己，而会说话的人往往习惯于委婉表达，如同春风袭人般的温存。温言几句既让人喜欢，也能让自己快乐。

如医生给人看病，遇到病情较严重而又诊治不及时的病人，就直言道：“你怎么这么瘦哇！脸色也很难看!”“你知道你的病已经到了什么地步了吗?”“哎呀！你是怎么搞的？你这个病为什么不早点来看哪!”这些说法里所包含的消极作用会使病人怎么想呢？作为医生这是“治病”还是“致病”呢？相反，如果换一种方式说：“幸好你及时来看病，只要你按时吃药，多注意休息，放下思想包袱，相信你很快就会好起来的。”这将给病人很大的鼓舞。

又如，当妻子买了一件衣服征求丈夫的意见，丈夫觉得妻子穿这件衣服不太合适，如果丈夫不尊重体贴妻子的心情，就会直接地批评说：“你看你的审美观真成问题，一把年纪了还穿这么鲜艳的衣服，岂不成老妖婆了？”这样生硬、贬损的话必定会伤害妻子的自尊心。如果丈夫尊重体谅妻子的心情，就会把否定的意见说得委婉得体，给予暗示：“不错，颜色真鲜艳，给女儿穿，那是很漂亮的。”

当你去拜访朋友，主人热情地拿出水果、零食招待你，而你却直言说：“不吃，不吃，我从来就不喜欢吃零食，再说我刚吃完饭，肚子饱得很，哪还有胃口吃这些东西。”这样不仅让人扫兴，而且还伤了主人的自尊心。你应该体谅到主人的一片热情和好意，委婉地说：“谢谢，谢谢！多新鲜的水果，多香的糖，只可惜刚吃完饭，没有胃口吃了，太遗憾了！”

总之，委婉说话不仅是一种策略，也是一门做人的艺术。作为一个现代人，应当有这种文明意识，掌握这一有利于人际交流的语言表达方式是很有必要的。

聊天哲语

聊天对各种年龄的人都有其乐趣，是很合理的消遣。

5. 恭维话，让气氛融融

俗语有这样两句："逢人短命，遇货添钱。"假如你遇着一个人，你问他多大年龄了，他答："今年 50 岁了。"你说："看先生的面貌，只像 30 岁的人，最多不过 40 岁罢了。"他听了一定喜欢，这就是所谓的"逢人短命"。又如走到朋友家中，看见一张桌子，问他花多少钱买的，他答道："花了 40 元。"你说："这张桌子，一般价值 80 元，再买得好，也要 60 元，你真是会买。"他听了一定高兴。这就是所谓的"遇货添钱"。人的天性如此，自然也就有了这样的说法。

菲德尔费电气公司的约瑟夫·s. 韦普先生，曾经用这一妙招，使一个拒他于千里之外的老太太，十分乐意地与他达成了一笔大生意，顺利完成了推销用电的任务。

那天韦普走到一家看来很富有很整洁的农舍前去叫门。当时户主布朗肯·布拉德老太太只将门打开一条小缝。当得知他是电气公司的推销员之后，便猛然把门关闭了。韦普再次敲门，敲了很久，大门尽管又勉勉强强开了一条小缝，但未及开口，老太太却已毫不客气地破口大骂了。

韦普并没有退却的意思，经过一番调查，他终于找到了突破口。这一天，韦普又上门了，等门开了一条缝时，他赶紧声明："布拉德太太，很对不起，打扰您了，我的访问并非为电气公司，只是要向您买一点儿鸡蛋。"老太太的态度当时就温和了许多，门也开得大多了。韦普接着说："您家的鸡长得真好，看它们的羽毛长得多漂亮。这些鸡大概是有名的品种吧！能不能卖一些鸡蛋呢？"这时门开得更大了，这时那位老太太反问道："您怎么知道这鸡与众不同呢？"韦普知道办法已初见成效了，于是更加诚恳而恭敬地说："我家也养了鸡，可像您所养的这么好的鸡，我还从来没见过呢！而且，我家的鸡，只会生白蛋。附近邻居也都说只有您家的鸡蛋最好。夫人，您知道，做蛋糕得用好蛋。我太太今天要做蛋糕，我只能跑您这里来……"老太太顿时眉开眼笑，高兴起来，把韦普先生引进门里来了。

韦普瞄了一下四周，发现这整套养乳牛的设备，断定男主人定是养乳牛的，于是继续说："夫人，我敢打赌，您养鸡的钱一定比您先生养乳牛的钱赚得还多。"老太太心花怒放，乐得几乎要跳起来，因为她丈夫长期不肯承认这件事，而她则总想把"真相"告诉大家，可是没有人感兴趣。

布拉德太太马上把韦普当作知己，还兴致勃勃地带他参观鸡舍。韦普知道，他新办法的效果已渐入佳境了。但他在参观时还是不失时机地发出由衷的赞美。

老太太毫无保留地传授了养鸡方面的经验，韦普先生便极其虔诚地当学生。他们变得很亲近，几乎无话不谈。在这个过程中，老太太也向韦普请教了用电的好处。韦普针对养鸡需要用电详细地予以说明，老太太听得很专注。

两个星期后，韦普在公司收到了老太太的用电申请。通过这一段的聊天，韦普的几句恰到好处的恭维话让韦普先生得到了他所想要的东西。

在聊天中，会运用恭维的语言的确能够起到点石成金的效果。不过恭维别人需要的是掌握火候和恰到好处，那么，如何准确地把握恭维，使恭维恰如其分而又不失度呢？这就需要你注意以下几点：

（1）注意交际的对象

交往中，要注意交际对象的年龄、文化、职业、性格、爱好、特征等，恭维对方时要因人而异、把握分寸，如果是新交，则更要小心谨慎。比如，你对一个为自己身材过于肥胖而愁眉不展的姑娘说："你的身材真的很好!"对方一定会认为你是在取笑她而大为不快。但如果是一个身材较好的姑娘，你说出这句话，就可以使对方对你的好感和信任增加。现实生活中，还有不少有识之士喜欢结交"道义相砥、过失相规"的"畏友"，这些人喜欢"直言不讳"，你越是能够一针见血地指出他的不足，他就越喜欢你，相反，你若恭维他，他就会讨厌你。同这类人交往，使用恭维就一定要慎之又慎了。

(2) 注意把握时机

说话的时机往往很重要，恰到好处的善言会达到意想不到的效果。尤其是恭维，应当切合当时的气氛、条件。你一旦发现了对方有值得赞美、恭维的地方，就一定要及时大胆地赞美、恭维，别错过了时机。不失时机的恭维，无异于南辕北辙，结果往往事与愿违，甚至还会产生一定的副作用。另外，还应该注意一点：当朋友发现自己的某种不足而正准备改正时，你却对着朋友的这种不足大加赞赏，这绝不会令你的朋友满意的。

"朋友有劝善规过之谊"的古训，在现代交际中也仍然适用。

(3) 注意恭维的尺度

恭维的尺度往往直接影响恭维的效果。恰如其分、不留痕迹、适可而止的恭维能够让一个人在交际场上更成功。倘若使用过多华丽的辞藻、过度的恭维、空洞的奉承，只会让对方感到不舒服、不自在，有时候甚至感到难堪、肉麻、厌恶。

如果你对一位字写得比较好的人说："你写的字是全世界最漂亮的!"结果极有可能使双方难堪，但如果你这样说："你的字写得好漂亮!"朋友一定会很高兴，说不定他还要向你描述一番他练字的经过和经验呢!

当然，恭维的程度不够也无法达到预期的目的。

另外，恭维还需要真诚，要做到不留痕迹。真诚的态度是交际者成功的要素。交际中恭维一定要表现得真诚，要让人感到你是发自肺腑的，是情意真切的，要知道无美可赞而勉为其难，还不如避而不谈为好。

恭维是善言者出色的表现，把握恰当、得体的恭维将会让你的推销更顺利。

聊天哲语

虽然聊天没有什么明确的目的，也看起来是微不足道的小事，但它是一种交换意见、交流思想、交融情感的交谈活动，是打开交际大门的一把金钥匙。

6. 如何打破冷场

冷场，无论对于聊天、聚会，还是议事、谈判，都是令人窘迫的局面。在人际关系中，它无疑是一种“冰块”。打破冷场的技巧，就是及时融化“冰块”、消除交往障碍的“碎冰机”。

聚首者之间存在以下几种情况时，最容易因“话不投机”而出现冷场。

* 彼此不大相识；
* 年龄、职业、身份、地位差异大；
* 心境差异大；
* 兴趣、爱好差异大；
* 性格、素质差异大；
* 平时意见不合，感情不和；

＊互相之间有利害冲突；

＊异性相处，尤其单独相处时；

＊因长期不交往而比较疏远；

＊均为性格内向者。

谈话出现冷场，双方都会感到尴尬。所以对可能出现的冷场，要有一定的预见，并采取措施加以预防。下面几点可供参考。

（1）针对对方的兴趣谈

老人最感兴趣的是他们自己的经历；青年人的兴奋点是怎样才能使自己的才能得以发挥，以及他们的工作、学习、业余生活；年轻妈妈最感兴趣的莫过于她的孩子，包括孩子的吃、穿、用等。

（2）故意抛出错误观点

有时装作不懂的样子，往往可以听取他人更多的意见，这根源于人们的自炫心理。反之，你表现得太聪明，人家即使要讲，也有顾虑，怕比不上你。如果我们用“请教”的语气说话，引起对方的优越感，就会引出滔滔话语。一般人的心理总是喜欢教人，而不喜欢受教于人。

（3）打破自己造成的沉默

如果是自己太清高、架子大，使人敬而远之，而造成双方的沉默，在交谈中应该主动些、客气些、随和些。

如果是自己太自负，盛气凌人，使对方反感，而造成了沉默，则要注意谦虚，多想想自己的短处，适当褒扬对方的长处。

如果是自己口若悬河，讲起话来漫无边际，无休无止，而导致了对方的沉默，则要注意自己讲话适可而止，给对方说话的机会，不要让人觉得你是作单方面的“传教”。

（4）打破因双方关系造成的沉默

如果因过去曾发生的摩擦和隔阂，而造成了沉默，那么你就应该表现出高姿态，把过去的隔阂抛在脑后，仿佛什么也没发生似的，热情地与之攀谈。

如果是因为双方不了解，不知谈什么得体，那么应该主动作自我介绍，并使交谈涉及尽可能广泛的领域，从中发现双方共同感兴趣的话题。

如果是刚刚发生了争论而出现了沉默，那么就应该冷静下来，心平气和地谈些双方分歧的问题。

（5）鼓励对方讲话

为了支持对方讲话，你可以经常地变换使用一些表示赞同的词语，鼓励对方把话讲完，把心中的秘密倾吐出来。当对方受到鼓励并获得赞同意见时，他们会感到自己受重视。创造一种信任的气氛，这种气氛有助于对方说话。

（6）找到适当的“话题”

冷场的出现，往往与“话题”有关。“曲高和寡”会导致冷场；“淡而无味”同样会引起冷场。不希望出现冷场的交谈者，应当事先做些准备，使自己有一点“库存话题”，以备不时之需。

据研究，同以下各项有关的话题，最容易打破冷场：

＊对方的孩子；

＊对方个人的爱好；

＊对方事业上的成就；

＊对方的健康；

＊体育运动；

＊影视戏剧；

＊新闻趣事；

＊日常生活中的“热点”；

＊祖居地风情、特产；

＊旅游、采购。

总之，聊天时，避免冷场是谈话双方共同追求的，但万一出现冷场时，还是要有些准备。作为聊天的一方，可以用下面的做法打破冷场：

①立刻向对方介绍一个人、一件事或一样东西，以转移大家的注意力，激发他们重新开口的兴致。

②提出一个人（至少是多数人）都感兴趣并有可能参与意见、发表看法的问题，重新引发话题。

③开个玩笑，活跃一下气氛，再巧妙地转入正题。

④用闲聊的方式，同一两个人谈谈家常，问问情况，“明修栈道，暗度陈仓”，引出众人关注的话题。

⑤故意挑起一场有益的争论。

⑥就地取材，对环境、陈设等发表看法，引起议论。

聊天哲语

聊天能打破冷场，让气氛活跃起来。

7. 没话找话的艺术

每个人每天都会碰上没话找话的时候！

比如：在小区的电梯里遇见不太熟的朋友：

“今儿天够冷的啊，穿这么少！”

“没遛狗去?”

“你们家蚊子多吗?”

“吃饭了吗?”

“这会儿才走呀！”

“坐地铁还是开车呀?”

比如：在大街上偶遇好久没见的不太熟的朋友：

“还住那儿!”

“没怎么胖，你现在!”

“那天我碰上那谁谁谁，他正想打听你呢!”

“电话号码还是那个吧!”

“你家的老太太还好吧!”

“你忙吗，现在!”

……

以上基本都是没话找话儿，也是很容易让人接受的用语！这种没话找来的话，一般都有一个共同的特点，那就是对你要找话说的人的一种关心，所以，你要是和陌生人或不太熟的朋友在一起感觉没话说时，就说一些对他表示关心的话，也是一种聊天的技巧和策略!

我们在聊天的过程中，互相打完招呼之后，又该聊些什么呢？很多朋友会为此苦恼，没话找话确实有些困难。下面我们专门为大家精选了一些易于聊的话题：

(1) 个人基本情况

你现在住在哪?

我在北京，你呢?

你的家乡在哪呀?

请问尊姓大名?

久仰大名。

我 23 岁了，你一定比我小吧。

你多大了?

你的名字很特别，我猜你一定是个特别的人。

(2) 学习与工作

你觉得你的新工作怎样?

整日工作使我厌烦。

你是做什么的?

你的职业是什么?

这是白领工作，你一定会很有前途。

我是一名公司销售员，像牛一样“光挤奶，不吃草”。

谈谈你毕业的学校和专业怎么样?

你在学习本科学历还是硕士学历?

最近在忙什么呢?

(3) 爱好

不忙的时候你做些什么?

你喜欢哪项运动?

你最喜欢的电影明星是谁?

你的喜好是什么?

你喜欢哪种男人? 比如谢霆锋、刘德华，还是别人?

我喜欢阅读和欣赏音乐。

我发现了一个即有趣又有用的方法来学习英语，那就是“无厘头英语”。

它用无厘头精神使学习英语变得像游戏轻松有趣。

我喜欢电影《泰坦尼克号》上的一句精彩对白：你跳我也跳。你觉得怎么样?

另一句我喜欢的电影对白是《大内密探 007》里的：肚子饿不饿，要不要我给你煮碗面吃?

(4) 天气等过渡性话题

今天是个好日子。

好热啊!

天气真好啊!

让我们换换口味来一个轻松的话题。

你好吗？

自己呢？

怎么回事？

发生什么事了？

我正通过网上看那些外国人聊天来提高我的英语呢。

让我们做朋友吧。

聊天哲语

一个人的工作不能取得进展，不是他的能力欠缺，而是因为缺乏交际的技巧，而掌握聊天的艺术正是技巧。

8. 随意搭讪，要说好开场白

在商场里、在火车站、在行走中……我们每天都会偶遇那些擦肩而过的陌生人。在极短的时间里，如何与陌生人搭讪呢？俗话说，好的开始是成功的一半。要知道，随意搭讪要说好开场白，这是非常重要的。如果没有一个好的开场白，自然也不会有人理你。

下面列举了几个回复率比较高的开场白供参考：

开场白 1：嘿，等一下，我只有一分钟时间，如果我不跟你打个招呼认识一下，等下可能会觉得后悔的，因为在北京漂亮的女孩很多，而我觉得你特别的友善。

适合情景：非社交场合，移动的目标。

开场白 2：我想认识你，但我觉得没有好的方法，所以就直接过来跟你打个招呼，我叫××。

适合情景：非社交场合，移动或静止的目标。

开场白 3：刚才我在想要怎样跟你打个招呼，认识一下，你可能会觉得这很老土，但我真的觉得你挺漂亮的。

适合情景：非社交场合，静止的目标。

开场白 4：我刚才经过看到你，觉得你很有气质、好可爱、很特别，所以想过来跟你打个招呼，认识一下。

适合情景：非社交场合，移动或静止的目标。

开场白 5：你好，我觉得你很有气质，所以冒险过来认识你。

适合情景：非社交场合，移动或静止的目标。

开场白 6：刚才经过看到你，不知道为什么，我觉得我很想认识你。

适合情景：非社交场合，移动或静止的目标。

开场白 7：你觉得我要问你什么样的问题才可以认识你呢？

适合情景：非社交场合，静止的目标。

开场白 8：你好，我想问一下，问什么我忘了，其实我只是想过来认识你。

适合情景：非社交场合，移动或静止的目标。

开场白 9：我想问一下××楼怎么走，我知道，其实我只是想认识你，不过刚才有点紧张。

适合情景：非社交场合，移动或静止的目标。

聊天哲语

没有闲谈，就没有交际。没有闲谈，谈不上交往，谈不上相处，也谈不上友谊，更谈不上合作。

第 4 章 找对话题才能聊下去

为什么有些人总能跟对方聊得很欢愉，而有些人却聊得激不起对方的兴致，甚至根本不知道要聊些什么？要知道，聊什么，才能引起对方的兴趣，关键是找对话题。

1. 话题选择的方式与技巧

在人际交往中，我们经常听到“投其所好”这个词，即迎合别人的喜好，那么聊天也一样，也要投其所好，说对方喜欢听的话。这样对方就爱和你聊。根据经验总结，绝大多数让对方感兴趣的话题有以下几种类型：

（1）能够增加知识的话题

俗话说：“活到老，学到老。”这句话告诉我们，一个人无论大脑中储存的知识多么丰富，总有不知道的事情，不懂的东西，这就需要他不断地学习新知识、探索新事物。尤其对于那些求知欲强的人来说，如果你的谈话能够让他学到新知识，对方将会对你的话题产生兴趣。

（2）能够激发好奇心的话题

每个人都有好奇心，所以谈话者可以用名人故事、传奇故事、逸闻趣事来吸引对方，从而使他们对你的话题感兴趣。

（3）与自己息息相关的话题

在这个世界上你最关心的人是谁？是父母还是子女，或者是伴侣？其实，每个人内心深处最关心的是自己，而且最关注与自身利益息息相关的话题。比如，老人关注养生话题，女人关注美容话题，男人关注事业、前程话题等。

（4）与信仰、理想、梦想有关的话题

自古以来，人们都对信仰和梦想有着孜孜不倦的追求，为此不惜付出巨大的努力。因此，当对方听到与梦想、信仰有关的话题时，定会兴奋不已，甚至主动和讲话者进行沟通、交流。不过，讲话者在讲有关梦想、信仰的话题时，一定要具有针对性、现实性，如果只是说一些大而无当的空话，将很难引起听众的共鸣。

(5) 娱乐性话题

平时聊天时，大家一谈到工作、学习的话题，内心不自觉地就会有一种沉重感。然而，当谈论到吃、喝、玩、乐等话题时，则是一副轻松愉悦的样子。由此可见，娱乐性话题是大家最感兴趣的话题。所以，在聊天时，如果能够适当讲一些幽默、轻松的娱乐性话题，将会迅速提起对方对你讲话内容的兴趣。

(6) 能够使对方产生优越感的话题

在这个世界上，大部分人都喜欢“高帽子”，喜欢被他人吹捧、奉承。所以，谈话者要想让对方对你产生好感，就要善于“奉承”对方，使他们从你的谈话中找到一种优越感。不过，谈话者在“奉承”对方时，一定要做到态度自然，话语真实，切不要留有溜须拍马的痕迹。

(7) 选择自己的亲身经历或个人经验为话题

大部分人都会有这样一种体会，当讲述道听途说的故事或照本宣科时，其语言听起来就会生硬、晦涩。然而，当讲到自己亲身经历过的事情时，往往是声情并茂、生动逼真。所以，谈话者要想吸引对方，就要善于从自己的亲身经历中寻找话题，使自己的讲话更接地气，赢得听众的共鸣。

(8) 选择与众不同的话题

谈话者要想让听众对自己佩服，最重要的一点就是善于选择新话题，使自己的讲话内容与众不同、更具新意，而不是人云亦云、老生常谈。

(9) 选择能够借题发挥的话题

谈话时，谈话者最担心的就是针对某话题说了几句之后，不知道下文如何继续。之所以出现这种情况，是因为该话题过于单一，缺乏可延伸性。如果谈话者善于寻找话题，就会远离那些单一性话题，尽可能选择具有“借题发挥”潜质的话题。这样一来，你将会成为一个能言善辩的话题王，永远不缺内容可讲。

除此之外，还有许多寻找话题的方法和技巧。比如，你可以把自己曾经遇到的某个牛人作为话题，也可以把自己某次难忘的历险经历作为话题，甚至你也可以把自己童年时的某些趣事作为话题。总之，只要善于挖掘，总会有讲不完的话题、说不完的话。

聊天哲语

聊天不但能丰富生活、拓宽视野、增长知识、扩大交际，而且是摆脱孤独、排除忧郁、增添人生乐趣、享受人生的幸福的重要手段。

2. 陌生的环境下，话题开启方式

新到一个地方，和身边的人又不熟悉，更不知道该聊些什么，但是不说话真的感觉气氛又很尴尬，那聊些什么呢？

聊下面这三个方面的话题，对方一定会爱和你聊：

(1) 聊天气

天气是人们最关心的话题之一。谈论天气时有个简单的秘诀：无论你是否同意说话人的观点，都要回答“对”。这是因为人们常以天气为开场白，以达成一致立场，继而转谈其他话题。“今天天气好啊，哈哈哈”、“今天下雨了”、“你们那里气候变化不太大吧。”

(2) 聊吃的

什么四川的麻辣烫啦，兰州的拉面，山西的刀削面，东北的大烩菜，什么徐记海鲜鲍汁捞饭，什么必胜客水果沙拉，什么金牌大龙虾，什么烤生蚝，什么烤全牛之类的，就地取材，随便联想，信手拈来，都是很好的话题。

(3) **聊各自的家乡**

这个话题是最好开启的，尤其出差的时候，各地的风土人情简直就是取之不竭的谈资，而且这个话题可以和前面的“天气”、“吃的”交叉使用。

以上三个话题的统一优点是不涉及个人阅历与价值判断，而且很容易引起共鸣，谁都可以说，谁都可以随便说。

所以，“天气”、“吃的”、“各地风俗”，这几个话题非常适合陌生人聊天，当然以后彼此熟悉了话题就可以不断拓展了。

聊天哲语

聊天是一种休息，而且是一种具有积极意义的休息，更是心灵世界的散步。

3. 八卦话题，女性的最爱

一项调查表明，普通女性保守秘密的时间不会超过两天。女人爱八卦，其实是与女人爱唠叨、爱小众聚集的特点是一脉相承的。心理专家指出，通常而言，只要八卦得适当、不过火，的确对女人心理健康有好处。

(1) **女人爱“八卦”，身心更健康**

据英国《每日邮报》报道，女性朋友聚在一起“八卦”可不是件坏事。经常和姐妹聊天，有助于女性降低压力和焦虑，对身心健康都有益。

该报道称，美国密西根大学的布朗教授指出，黄体素在建立人际关系及促使女性更愿意协助他人方面，扮演着重要角色，它可以让女性在助人过程中，愿意承担更多的风险。研究结果证实，如果女性经常和姐妹聊天，可以增加体内黄体素，减压后心情更愉快，身体更健康。

(2) 女性欠安全感，需八卦“傍身”

八卦的本质就是一种分享与打探。相对而言，女性的角色偏弱，也较易没有安全感，所以她们爱说话、爱打听。而八卦说白了是对他人的人际关系以及这个世界的真相的一种了解，知道的八卦越多，内心势必越爽，而这种爽的优越感其实来自于对隐秘信息的掌握。

女性探索到的未知秘密越多，安全体验也越多，会产生出“哦，原来是这样的，难怪……”的释然感觉，人也在瞬间变得轻松，甚至有了茅塞顿开之感或找到心理平衡，而这种不错的心理感受会刺激她们永不休止地八卦下去。

此外，不得不说，女人跟女人之间，天然还是有嫉妒和攀比成分在的；这就好像男人与男人，无论父子还是朋友，注定存在想超越对方的想法。这也构成了八卦存在的现实意义：女人需要知道其他女性——不管是远在天边的女明星还是近在身边的熟人——真实的生存状态如何。

(3) 没有八卦，不成闺密

所谓闺中密友，其实就是在闺房中分享彼此小秘密的女朋友。所以说八卦成就女性间的友谊，这点和男性有很大不同。女孩从小就喜欢和妈妈“咬耳朵”，这其实是日后“闺密”关系的源头模式，女性有更多倾诉和聆听的情感需要；而大多数男孩小时候属于“放养”性质。所以男人沟通的方式也比较开放大气，一起喝酒、踢球、打游戏，很少神神秘秘地聊八卦。

此外，八卦也是女性人际交往的无敌润滑油。当你要和一个陌生女性建立关系，话题却无从找起，那就聊最近最新的娱乐八卦吧，两个女人立马能产生诸多共鸣和语言火花碰撞，关系迅速变得热络；如果在饭桌上冷场，很多人也会下意识地开始讲笑话或是聊八卦，因为这是无论领导还是下属，人人愿意参与和享乐的最有效话题。

不少人身处道德制高点，认为八卦是很恶俗的行为，其实存在即合理，八卦只不过是人类好奇的一大表现，不用对其捆绑任何道德枷锁。八卦可以娱人娱己，能润滑人际关系、了解外部信息、让自己获得放松，受到大众青睐是必然的。

但值得提醒的是，不少八卦却造成了谣言中伤。我们所说的良性八卦必须是不带愤怒、负面情绪的，不能由此对他人尤其是身边熟人，造成恶意中伤或人身攻击。比如“谁跟谁很暧昧，他们关系肯定不正常。”这种话其实已蕴含了一定的羞辱和造谣成分，很多人说完这句话后会自己补上一句“我也是瞎猜的，你别去乱说啊”，其实这也证明了她内心很焦虑，知道这句话存在无根据。

不是善意随意的八卦，总是终日打探他人隐私，或传播似是而非的“绯闻”，不但可能引起纠纷，而且对自身形象也是很大伤害。绝大多数的男性和女性，都不喜欢身边有一位超级“八婆”的存在，因为听她八卦的同时，也会担心自己泄密，会很恐慌。因此，我们要杜绝。

小陈是一名工作三年的新闻记者，以前从来不爱看任何娱乐新闻，认为那是女人的专利。“成天讨论吃喝穿着，听信娱乐间说那些没谱的事，太浪费时间了！”然而工作时间渐长的他，突然转性了，每天回到家开始津津有味地看韩剧、综艺节目，甚至是娱乐新闻！

男人绝对不像表面看来那么不热衷八卦，但由于从小被要求要具有“男子汉”特质，他们羞于与女性聊八卦，但可能私下和同伴八卦，或自己独自一人上网浏览八卦消息。

现代人压力都很大，寻找自己的八卦方式，逗自己开心，这是一种非常简单有效的心理调节方法，只要不伤害他人，心理医生也很支持这种做法。

聊天哲语

聊天是一门艺术。一个人只要生活在这个世上就必须学会聊天，学会交朋友，那样你的人生才会很精彩。

4. 男人都爱聊的话题

千万不要认为只有女人才会乐于和闺蜜一起八卦，男人和他的哥们儿在一起也是会有说不完的话的。男人喜欢的话题，大多也是女人方面的。

(1) 女人的身材和脸蛋儿

男人是用眼睛谈恋爱的，他们的一见钟情说白了就是这个女人的外貌和自己的审美是否搭调。可能他当着你的面会有些拘谨，不会直接评论女人的外貌，但背着女人的时候，尤其和好哥们儿在一起，他们会对女人的身材和脸蛋儿来个口若悬河。

(2) 女人的家庭背景

谁会和钱过不去呢，女人期待找一个家庭殷实的男人做另一半，同样，社会的压力和现实压迫，男人们越来越重视另一半的家庭背景。虽然男人口头上说不在意，可谁不想找一个家庭经济实力稍微客观一些的女人呢?

(3) 女人的感情史

她和什么样的男人交往过，结果怎样，又或者她是不是处女之类的话题，都会成为男人们的谈资，甚至聊个昏天暗地的。

其实，男人会更在意女人的过去，他会希望自己的女友情史越简单越好。所以，千万不要在男人面前炫耀你有过很多次感情经历，或者让他感受到的你很懂爱情。要知道，单纯善良的姑娘永远不会缺少男人疼爱。

(4) 女人的工作

虽说历来都是男主外女主内的家庭模式，但现如今，女人们大步迈进职场，工作能力也日渐成为男人看重的一部分，他们甚至把这种工作能力作为衡量女人是否优秀的标准。

谁谁谁家的女朋友在外资企业，谁谁谁家的女朋友月薪几万，这都会让一个男人颇为自豪，毫无疑问，这自然会成为男人谈话必不可少的一个内容了。

总之，掌握了男人们爱聊的话题，就很快能与男人们聊起来，也能很顺利地交些男性朋友，让自己的人脉更广些。

聊天哲语

大凡喜欢聊天的人，大都性情开朗热忱、为人赤诚坦荡，容易获得他人的信任和友谊，自然朋友也就很多。

5. 真诚请教，激发对方聊天热忱

在交际场上，我们可以通过真诚地向对方请教问题的方法，引发对方结交我们的热情，使交流进行得更为顺畅。

张华到一家公司做保险推销，客户是一家公司的客户部经理。刚开始，那个经理看到张华后，脸上立即露出了不悦的表情。张华心里感到惴惴不安，不知道如何开口了。这时候，他猛然发现经理的桌子上有一个牌子，上面写着“尉迟涛”三个字，张华猜测这可能是经理的名字。他想：“如果以这个名字找话题，应该能打开话题！”

于是，张华问道：“您知不知道李世民发动玄武门之变时，功劳最大的那位名将是谁?”经理愣了一下，说：“知道，是尉迟恭。”张华说：“你们是一个姓，当然会知道他叫尉迟恭。我以前可是出尽丑了，老叫他尉（wei）迟恭。”

经理笑了：“这也不能怪你，十人中有八人都会这么读错。”

张华说：“是啊，虽然这个姓有点怪，但是，我听说，历史上姓尉迟的名人有很多啊，您知不知道都有谁?”

这一下子就打开了话匣子，两人就开始兴致勃勃地聊了起来。最终，尉迟经理就成为他的客户了。后来，尉迟经理还给他介绍了其他的客户，张华的业绩一升再升。

案例中的张华用这个少见的姓氏做话题，真诚地向对方请教问题，满足了对方“被需要”的心理，激发了对方的交谈热情，最终顺利地与对方成了朋友，还成了他重要的客户。所以说，在交际场合，我们可以根据对方的身份，适当地提出一些对方可能感兴趣的话题，比如，我们可以向一位园艺家请教：“我想把花园中的一年生植物改种多年生的，您建议种些什么呢?”或对于一个 IT 行业的人，我们可以问：“我想买一部传真机。您有什么好的推荐吗?”这样可以激发对方的交流热情，做好与对方进一步结交的铺垫。

对于陌生人，我们可以真诚地向其请教一些政治、体育、股市、时尚或当地的重要新闻，都是较为稳妥的。只要你能够满足对方“被需要”的心理欲求，便可以激发对方的交流热情。

聊天哲语

不善言语或正在沉默中的年轻朋友，每天起床后不妨面对镜子“自言自语”；不妨试着与你身边的人慢慢地交流；不妨除去心底深处的自卑情结去做一个能言善辩的聊天高手。也许在未来的某天你将是命运的主宰者！

6. 引起对方的同感的话题

求人办事时，对方能不能答应你的要求，能不能全力帮助你把事情办成，就需要良好的聊天技巧与方法。

某公司老板赵先生眼下资金周转不灵，如不及早筹措到位，会直接影响公司的生意和声誉。他本想向银行贷一笔款，但是，银行却不愿意再多借给他一分钱。

就在这个时候，赵老板忽然想到找张先生帮忙。此人身为一个纺织公司的董事长，却是一个非常吝啬、一毛不拔的人。如果照常理推断，钱是绝对借不到的，不过赵老板还是想试试看。

赵老板深知如果用一般的方法来向他借钱，绝无成功的可能。他经过片刻思考后，就下定了决心，打电话给张先生，约好见面的时间和地点。

到了约定的那一天，赵老板很早就搭车前往，然而在离张先生家还有 150 米时，他就下车开始全速跑向张先生家。

那个时候正好是夏天，赵老板当然是满身大汗。张先生见了他非常诧异地问："咦！你怎么搞的？"

"我怕赶不上约定的时间，只好跑步赶路！"

"那你怎么不坐计程车呢？"

"我很早就出门了，坐公共汽车来的，不过因为路上堵车，所以耽误了一些时间。但是，我又怕时间来不及，只好下车跑来了，所以才会满身大汗呀！"

"像你这种人也会坐公共汽车吗？"

"怎么？您不知道我是个吝啬之人吗？我怎么会坐出租车呢？坐公共汽车既便宜又方便，而且自己没有私车的话，也可以省好多开销。"

“父母赐给我的这双脚最好了，碰到赶时间的时候，只要用它们跑就可以，既不花钱，又可强身，多好啊！我这种吝啬的人哪会像你们大老板一样有自己的私车呢?”

“我也很小气啊！所以，我也没有自家的车子。”张先生谦逊地说。

“您那叫节俭，我这叫小气，所以才有‘小气鬼’的绰号。”

“但是我从来没听说过你是这种人。其实，我才真的被人认为是吝啬鬼。”

“张先生，人不吝啬的话，是无法创业的，所以，人不能太慷慨。我们做事业的人都是向银行或他人贷款来创业的，当然是应该节俭，千万不能随便地浪费钱啊!”

“我们要尽量地赚钱，钱财只会聚集在喜欢它、节俭它的人身上……我经常对属下这么说。”

赵老板通过这段聊天，使张老板产生了共鸣，于是很快地借钱给这个相见恨晚的赵老板。

求人办事时，对方能不能答应你的要求，能不能全力帮助你，关键在什么？关键在他对你的感觉，只要能引起对方的同感，这样才有可能办成事，赵老板求人的成功，正在于他巧妙地运用了聊天的方式，挽救了他的事业。

当你看到别人寥几句话就能够做成一件大事的时候，你就应该明白一个道理：恰到好处的聊天其魅力是无穷的。

伽利略年轻时就立下雄心壮志，要在科学领域有所成就，他希望得到父亲的支持和帮助。

一天，他与父亲聊天时，问父亲：“父亲，我想问你一件事，是什么促成了你同母亲的婚事?”

“我看上她了。”

伽利略又问：“那你有没有想过娶别的女人?”

“没有，孩子，老天在上，家里的人要我娶一位富有的太太，可我只对你妈妈钟情，我追求她就像一个梦游者，要知道你母亲从前是一位美艳动人的姑娘。”

伽利略说：“这倒确实，现在也还看得出来，你不曾想过娶别的女人，因为你爱的是她。你知道，我现在也面临着同样的处境，除了科学以外，我不可能选择别的职业，因为我喜爱的正是科学。别的对我毫无用途！难道我要去追求财富、追求荣誉？科学是我唯一的需要，我对它的爱有如对一位美貌女子的倾慕。”

父亲说：“像倾慕女子那样，怎么能这样说呢？”

伽利略：“一点不错，亲爱的父亲，我已经18岁了。别的学生，哪怕是最穷的学生，都已想到自己的婚事，我可从没想到那上面去。我不曾与人相爱，我想今后也不会。别的人都想寻求一位标致的毕安卡，或是一位俊俏的卢斯娅，而我只愿与科学为伴。当人们提及婚姻方面的事情，我就感到羞臊。”

父亲没有说话，仔细听着。

伽利略继续说：“我亲爱的父亲，你有才干，但没有力量，而我却能兼而有之！为什么不能设法达到自己的愿望呢？我会成为一个杰出的学者，获得教授身份。我能够以此为生，而且比别人生活得更好。”

父亲说：“可我没有钱供你上学。”

“父亲，你听我说！很多穷学生都领取奖学金，这钱是公爵宫廷给的。我为什么不能去领一份奖学金呢？你在佛罗伦萨有那么多朋友，他们对你不错，会尽力帮助你的。也许你能到宫廷去把事办妥，他们只需要去问一问公爵的老师奥斯蒂罗·利希就行了，他了解我，知道我的能力。”

父亲被说动了，“嗯，你说得有理，那是个好主意。”

伽利略抓住父亲的手，猛力摇动：“我求求你，父亲，求你想方设法，尽力而为。我向你表示感激之情的唯一方式，就是……就是保证成为一名伟大的科学家。”

伽利略用聊天的方式最终说动了父亲，实现了自己的理想，成了一位闻名世界的科学家。

聊天哲语

聊天能快速地缩短与对方的距离。

7. 多聊对方的专长，就有话题

几乎每个人都有自认为得意的事情，这些事情也是他们乐于向别人炫耀的，且不论这些得意的事情本身有多大的价值，至少在其本人看来，那绝对是引以为豪的。如果谁能够在与他谈话的时候，不断地将话题引到这上面，他一定会对谁产生好感，进而与其建立良好的关系。所以，聊天高手总是懂得利用这一招，他们总是会在与他人聊天之前，了解其经常炫耀的得意之事。

要想建立良好的人际关系，迅速赢得他人好感，一定要学会这一招。比如，你要和一个成功的企业家结交，你可以先去了解他曾经取得过什么样辉煌的成就；若要和一个艺术家结交，你可以先了解他曾经在艺术生涯中获得过什么样的奖励，等等。只要你能在与对方的谈话中，有意无意地提到这方面的内容，他一定会非常高兴的。

有一次，一位业务员到某厂联系业务。一进厂长办公室，只见墙上挂了几幅装裱精致的书法长幅，仔细一看，是篆书。这位供销员眼前一亮，张口便夸奖这几幅字写得是如何不错。使该厂厂长误以为他也一定是书法爱好者，连忙热情地聊呼起来：“请坐，请坐下细聊……”这样，厂长无意中已把这位“书法爱好者”视为“知音”了，当后来业务员引入谈业务之事时，自然就“好说”多了。

在聊天中，如果你能很有兴致地与一个人聊他的专长，或他所取得的成绩，或他所开展某项业务的辉煌时，你适时地提出与之相关的需求，在这样的时刻，他拒绝你的可能性最小，你的要求得到满足的成功率最大，这是经过心理学家及社会学家的实验所证明的。所以，当你有求于人时，就需要措辞得当，营造一个合适的氛围，使你的需求最大可能和最大限度地得到满足。

有位金先生，他认识许多学术界的泰斗，并常常能得到他们的指点。问及他们之间的相识，也是缘于赞美运用的得法。

作为准备在学术领域有所建树的金某，自然也很仰慕这些大师，他得知拜访这些人不易，每当第一次拜访某位专家时，他先将这个人的专著或特长仔细研究一番，并写下自己的心得。见面之后，先聊起其专著和学术成果，并提出自己的想法。由于他聊的正是大师毕生致力于其中的领域，自然也就能激起大师的兴趣，谈话双方有了共同话题。聊天中，金某又不失时机地提出自己不理解的地方，请求大师指点，在兴奋之际，大师自然不吝赐教，于是金某既达到了结交的目的，又增长了许多见识，并解决了心中存在的疑惑，可谓一举多得。

在聊天中，这里金某就在有求于人时，巧妙地谈起对方的专长并运用了赞语。专长，正是对方引以为豪并最感兴趣的，自然使对方感到高兴，使其心理得到满足，此时，金某的问题也就不成问题了。因此，我们在聊天中，如果多聊些对方的专长，并运用赞美，就能获得对方的好感并在方方面面都能行得通。

聊天哲语

喜欢生活的人自然喜欢聊天，善于生活就要善于聊天。

8. 知彼知己，才能聊得顺畅

要想聊天聊得顺畅，必须深入了解对方的性格、身份、地位、兴趣，然后投其所好，避其所忌，攻其虚，得其实，这样才能聊得进退自如。

(1) 不能忽视对方的身份地位

无论在哪个国家、什么时代，人们的地位等级观念都是很强的。对方的身份、地位不同，你说话的语气、方式以及办事的方法也应有异。如果不明白这一点，对什么人都是一视同仁，则很可能会被对方视为无大无小，无尊无贱，尤其当对方的身份地位比你高的时候，他会认为你没有教养，不懂规矩，因而他也不喜欢和你聊天。

聪明人都是懂得看对方的身份、地位来说话，这也是个人修养的体现，平常我们所说的“某某人会说话”，很大程度上就体现在“见什么人说什么话”的才智上。

(2) 看准对方的性格，投其所好

人各有其情，各有其性。有的人喜欢听奉承话，给他戴上几顶“高帽”，他就会非常高兴；有的人则不然，你一给他戴“高帽”，反而引起了他敏感性的警惕，以为你是不怀好意；有的人脾气暴躁，讨厌喋喋不休的长篇说理，说话就不宜拐弯抹角。

外交史上有一则轶事：一位日本议员去见埃及总统纳赛尔，由于两人的性格、经历、生活情趣、政治抱负相距甚远，总统对这位日本议员不大感兴趣。日本议员为了不辱使命，搞好与埃及当局的关系，会见前进行了多方面的分析，最后决定以套近乎的方式打动纳赛尔，以达到会谈目的。

下面是双方的谈话：

议员：阁下，尼罗河与纳赛尔，在我们日本是妇孺皆知的。我与其称阁下为总统，不如称您为上校吧，因为我也曾是军人，也和您一样，跟英国人打过仗。

纳赛尔：唔……

议员：英国人骂您是“尼罗河的希特勒”，他们也骂我是“马来西亚之虎”，我读过阁下的《革命哲学》，曾把它同希特勒的《我的奋斗》作比较，发现希特勒是实力至上的，而阁下则充满幽默感。

纳赛尔：呵，我所写的那本书，是革命之后，花三个月匆匆写成的，你说得对，我除了实力之外，还注重人情味。

议员：对呀！我们军人也需要人情。我在马来西亚作战时，一把短刀从不离身，目的不在杀人，而是保卫自己。阿拉伯人现在为独立而战，也正是为了防卫，如同我那时的短刀一样。

纳赛尔：（大喜）阁下说得真好，以后欢迎你每年来一次。

此时，日本议员顺势从闲聊中转入正题，开始谈两国的关系与贸易，并愉快地合影留念。日本人的套近乎策略产生了奇效。

在这段会谈的一开始，日本人就把总统称作上校，使对方降了不少级别；挨过英国人的骂，按说也不是什么光彩的事，但对于军人出身，崇尚武力，并获得自由独立战争胜利的纳赛尔听来，却颇有荣耀感，没有希特勒的实力与手腕，没有幽默感与人情味，自己又何以能从上校到总统呢？接下来，日本人又以读过他的《革命哲学》，称赞他的实力与人情味，并进一步称赞了阿拉伯战争的正义性。

这不但准确地刺激了纳赛尔的“兴奋点”，而且百分之百地迎合了他的口味，使日本人的话收到了预想的奇效。

聊天好比一把钥匙，可以轻易地打开交际的门。人们的兴趣爱好往往牵连着头脑中的兴奋点。我们如果在交谈中根据不同人的身份、地位、兴趣爱好，从不同的话题入手，常常可以比较容易地开启对方的心扉，步入对方的心灵深处，有效地激发对方情感的共鸣，顺利办成所求之事。

聊天哲语

人的快乐是融合在人群之中，索然寡居容易置人于孤独境地，孤独是忧郁的根本，忧郁就成精神病魔。唯有走进人群，聊开心扉而能治愈。

9. 聊，就要聊对方想听的

当你让对方畅所欲言时，自然会明白对方真正想要的是什么，对方想要听到你说些什么。

譬如公司里较资浅的同事来找你商量，“前辈，我写了一份企划书，在呈给部长看之前，能不能请你给我一点意见呢?”你爽快地答应，看完后的感想是，如果再加上一些市场调查数据就更完整了。于是，你对这位同事说：“写得还不错，不过如果能补充一些市场调查数据的话，部长的评价应该会更好喔!”“恩！但是我觉得这次的企划案，市场调查数据并不是那么需要耶!”结果就会像这样，你好意提出建议，同事的回应却是“但是……”为什么呢？因为你的建议不管有多中肯，此刻根本无关紧要，这并不是这位同事“想听的话”。这位同事真想听的是，“真不赖！你写的真的是很好啊!”所以身为前辈的你，当较资浅的同事来向你请教时，在正经八百的思索如何才能让部长满意这份企划书之前，先要思考的问题是，“这位同事想要听到我说什么呢?”因为这位资浅的晚辈，唯有听到他“想听的话”之后，才会有余力听你的建议。

“真不赖！你写的真的很好啊!”“真的吗？我想了很久呢！实不相

瞒，我对这份企划书还蛮有信心的。”“这倒是。因为的确看得出你的努力啊！”“嗯，不过，多少还是给我一点建议嘛！”“建议啊？让我想想……嗯，如果再加上一点市场调查数据的话，部长的评价应该会更高喔！当然，我的意思是，如果你还有时间修改一下的话。”“下午才要提案，应该还来得及！原来如此，少的是市场调查数据啊！因为部长总是很在乎那些数字对吧。真不愧是前辈！”

聊天要养成这样一个习惯：就是在说话前，永远先思考“对方究竟想要听我说什么”？

销售员“会不会”说话在销售中起着至关重要的作用。会聊天，三言两语便能感染客户，使其心动，从而购买我们的产品。不会聊天，即使产品再好，自己的专业水平再高也打动不了客户。因此，对于销售员来说，会聊天，能聊出对方想听的话，也是本事。

事实上，如果销售员会说话，就能用语言的魅力轻而易举地打动客户；如果不会说话，即使你是内行或专家，客户的心门如果始终紧闭，说得再多也是白费口舌，浪费时间和精力。

因此，我们在聊天的时候，要摸清对方的习惯、兴趣、嗜好，说对方想听的话，而不要只说自己想说的话，这样人人都喜欢和你聊，也能达到你的销售目的。

张先生是一名天然食品推销员。一天，他一如往常，把芦荟精的功能、效用向一位陌生的顾客诉说，但对方对此并不感兴趣。正当张先生准备向对方告辞时，突然看到顾客家阳台上摆着一盆精美的盆栽，上面种着紫色的植物。

于是张先生请教对方说：“好漂亮的盆栽，市场上似乎很少见，它是特别品种吧？”顾客自豪地说：“确实很罕见。这种植物叫嘉德里亚，是兰花的一种。它美在那种优雅的风情。”

“的确如此。我想它一定很昂贵？”张先生接着问道。

“是的。仅仅这一盆栽就要 800 元呢!”顾客从容地说。

张先生故作惊讶地说:“什么? 800 元……”

“芦荟精也不过就 800 元，这个顾客应该可以成交。”张先生心里暗暗地想。于是把话题重点慢慢地转入盆栽上:“这种花每天都要浇水吗?”

“是的，它需要精心地呵护。”

“那么，您对这盆花的感情应该很深了，它也算是家中的一分子吧?”这位顾客觉得张先生真是有心人，于是开始传授有关兰花的学问，张先生聚精会神地听着。

过了一会儿，张先生慢慢地把话题转入到了自己的产品上来说了:“太太，您这么喜欢兰花，您一定对植物很有研究，您一定是一个高雅的人。您肯定也知道植物给人类带来的种种好处，给您温馨、健康和喜悦。我们的产品正是从植物里提取的精华，是纯粹的绿色食品。太太，今天就当作买一盆兰花把天然食品买下来吧! 体会一下天然食品的功效!”结果这位太太爽快地买下他的产品。

这个故事很值得我们学习。在我们要见一个人时，要先通过调查知道他的一些兴趣、喜好、经历，并把这些作为正式话题之前的引题，千万不能小看这些话题，两个人距离的拉近靠的就是这些。

上面这个成功的推销案例，说明了成功的推销往往在推销之外，生活中的轻松话题也是你推销的利器。在平常的推销中，许多的推销员通常是以商谈的方式来进行，但是如果有机会观察推销员和客户在对话时的情形的话，就会发现这样的方式太过严肃了。

所以说聊天之中如果没有趣味性、共通性是行不通的，而且通常都是由推销员来迎合客户。倘若客户对推销员的话题没有一点点兴趣的话，彼此的对话就会变得索然无味。

例如，看到阳台上有很多的盆栽，推销员可以问:“你对盆栽很感兴趣吧？假日花市正在开兰花展，不知道你去看过了没有？”

看到高尔夫球具、溜冰鞋、钓竿、围棋或象棋，都可以拿来作为话题。

对异性的流行服饰、兴趣和话题也要多多少少知道一些，总之最好是无所不通。

打过招呼之后，谈谈客户深感兴趣的话题，使气氛缓和一些，接着再进入主题，效果往往会比一开始就进入主题来得好。天气、季节和新闻也都是很好的话题，但是大约一分钟左右就谈完了，所以很难成为共通的话题。

关键在于客户感兴趣的东西，推销中多多少少都要懂一些。要做到这一点必须靠长年的积累，而且必须努力不懈地来充实自己。

那些成功的推销员为了要应付各种各样的准客户，所以抽出时间到图书馆苦读。他们研修的范围极广，上至时事、文学、经济，下至家用电器、烟斗制造，几乎无所不包。正因为他们有了广博的知识，才能海阔天空地与客户谈论他们所感兴趣的话题，从而他们推销得更简单、更成功。

聊天哲语

会聊天＝打开社交的大门。

10. 投其所好的话题，激发聊的热情

每个人都有自己聊的兴趣点，只要是投其所好来寻找话题，最能激发对方聊的热情。

李刚是大学刚毕业的法律系学生，因为律师考试未能通过，只好在一家法律事务所当职员。按公司规定，试用期间每一个人在一个月内都要拉到一家新客户。可是他刚离开学校不久，又没有任何的背景，每次去拜访一些陌生的新客户，不是吃了闭门羹，就是要他回去等消息。

眼看一个月的期限就快到了，他已经是心灰意冷，打算另谋出路。没想到这个时候奇迹出现了，他不但开发出一个新客户，而且还借着这个客户的引荐，一连吸收了十几家新客户。他不但没有被炒鱿鱼，反而晋升成正式职员，薪水也连跳好几级，成了该事务所的“超级营业员”。

这个新人凭着什么本领，成为“超级营销员”的呢？以下内容是他的自述：

“当天，我愁眉不展地不得不踏入那家公司。到了门口的时候，我想到以前几次的闭门羹，就更加踌躇不安。忽然我看了公关主任桌上的名片，我想到我有办法了。

“原来这位主任的名字蛮奇怪的，竟然叫做‘万俟明’，而我恰好又很喜欢看传统小说，以前在看《说岳传》时，书中有个坏人的名字就叫‘万俟乔’。这个人与岳飞同朝为官，但因为岳飞见他时不以礼相待，两人因此不和。后来他便迎合奸相秦桧在朝中一再攻击岳飞。在绍兴十一年时，将岳飞父子下狱治死。

“我看《说岳传》时年纪还小，一看到‘万俟乔’三个字，就不知道怎么读，所以我特地查了字典，才知道这三个字的读音。也正是因为

这样，我才知道‘万俟’这两个字的正确读音。

“当时我一眼看见这人的名片上写着‘万俟明’，我就礼貌地向前称呼他：‘万俟先生，我是××法律事务所的职员，今天特别来拜访您。’

“才说完这句话，对方就吃惊地站起来，嘴里结巴地说着：

“‘你……你……你怎么认识我的姓，一般人第一次都会念错，大部分人都叫我万先生，害得我总是解释一次又一次，烦死了。’

“我听了以后感觉这次拜访似乎有个好的开始，于是我接着说：

“‘这个姓是复姓，而且又很少见，想必有来由的吧！’

“对方听到这里，更是显得神采飞扬，高兴地说道：

“‘这个姓可是有来由的，它原是古代鲜卑族的部落名称，后来变成姓氏的拓跋氏，就是由万俟演变而来的。’

“我看到对方越来越高兴，于是接口问道：

“‘那您就是帝王之后，系出名门了！’那位万俟明先生听了后更加高兴地说下去：

“‘岂止是这样，这个姓氏一千多年来也出了不少名人，例如，宋代有个词学名家叫万俟永，自号词隐，精通音律，是掌管音律的大晟府中之制撰官，另外写了一本书叫《大声集》。后人都尊称他万俟雅言。’

“用这个少见的姓氏做话题，让我和那位公关主任聊了起来，尽管我并未说明来意，更没谈什么细节，但光凭这次愉快的交谈，就让我开发出一家财团做客户。而这家财团旗下所有的关系企业，全都与事务所签下了合约，聘我们做法律顾问，为我们事务所增加了前所未有的业绩，同时也充实了一下自己的腰包。”

两个彼此陌生的人初次见面，如果不能适时地找出聊的话题，必然不能取得沟通的成功。当然，如果不能进行良好的沟通，又怎能合作，生意自然就谈不成了。像刚才说话的那个年轻人，明明自己知道“万俟”这个字的读音，是来自《说岳传》中的那个奸臣万俟卨，可是为了能投对方所好，于是故意装糊涂，让对方去吹嘘他姓氏中那些光荣历史，使对方感觉很有面子，因此，就为未来的生意奠定了一个成功的基础。

聊天哲语

不喜欢聊天的人往往把这些不顺或不幸埋在心里，单靠个人心灵去肩扛，因此容易积忧成疾，导致精神孤僻或忧郁；喜欢聊天的人大都会把自己的不顺或不幸告诉别人，就会得到别人的安慰、指点或相助，他们的精神状态就显得平和健康得多。

第 5 章 这样聊，能赢得好感

聊天，看起来好像很简单，其实会聊与不会聊结果却相差甚远，会聊的能赢得好感，不会聊的却让人厌烦。

1. 聊天要因人而异，这样才愿意和你聊

社会上的人有民族、地域、年龄、性别、经历、文化程度、生活习惯、性格特征、职业职务、心理状态和所处环境、兴趣爱好等各种差异，而且每个人都有两种属性，一是群体的社会性，二是个体的独立性。人与人的各种差异和两种属性在交往中有其和谐的一面，也有其排斥的一面。这样的两重性，再加上人际交流中的语言环境的不同变化，这就要求我们聊天不仅要看场合，还要看对象。语言学家吕叔湘先生说得好："此时此地对此人说此事，这样的说法最好；对另外的人，就应该用另一种说法。"

聊天要看对象的道理，是众人皆知的。但许多人往往不够重视，往往看得不够深入细致。所以在这里强调：看对象要看对方的基本情况，要看对方的心理态度及其变化，还要看与交际双方有关的人物关系。

一位大学毕业生分到一家工厂工作，起初不错。但没过一个月，他发现车间主任对他越来越冷淡了，他怎么也弄不清其中原委。后经一位好心师傅的点拨，他才恍然大悟：原来他在学校待惯了，聊天爱用些术语。什么"最优化方案"、"程序化"、"控制论"、"结构定向"，等等。而车间主任只上过中专，最烦别人在他面前咬文嚼字，卖弄学识。所以，这位大学生的说话，无形之中触到了领导的"自卑感"。

见什么人说什么话，意即当你在和对方聊天时，要尽量使用对方认同的语言，谈论对方熟悉和关心的话题，并且也要视当下的具体情况灵活应变，以便在迎合对方心理的同时，也赢得对方的好感；唯有赢得对方的好感，才愿意和你聊。

话总是说给别人听的，别人喜欢听的话，要多聊；别人不喜欢的，

要少聊，甚至不聊。做到这些就算是管好了自己的嘴。

聊天哲语

聊天是润滑剂，使人们消除摩擦，化解矛盾；聊天又是黏合剂，使人们互相贴近，彼此了解。

2. 有亲和力的人，谁都爱和他聊

有这样一位法国女性，被誉为最有魅力的女人，不管是任何人见到她，都会很喜欢她。追其原因实际上这得益于这个女孩儿经常说的两句话：如果你和她见面她会很真诚很惊喜地说："您终于来了！太好了！"对方听到这句话，感觉备受尊重，心中就十分高兴。在谈话结束客人道别的时候，她总会送到门外，很依依不舍地和客人说："您怎么就要走了，我什么时候能再见到您！"这样的话，相信没有人会不喜欢听的，当然也会喜欢上说这话的人。

人与人之间，靠言语去交流，靠心灵去沟通。就人与人相互间沟通的形式而言，99％的部分要靠语言来进行。所以，一定要学会用语言进行交流和沟通。语言沟通就是把信息准确而令人信服地传达给对方，并争取让对方接受我们的想法。

古希腊寓言中说，舌头这种东西的确像个怪物，它能用最美好的词语来赞誉你，也可以用最恶毒的语言来诅咒你，它能把蚂蚁说成大象，也能把小丑说成国王。这就是说话的威力吧。平常我们看一个人是否有力量，这种力量能否表现出来，在很大程度上也取决于他说话的能力。

"亲和力"，是与他人亲近、和谐相处的一种心理状态，也可以说是做人最基本的要求。所以，聊天要体现出亲和力，既是使情感归依的起因，同时也是激发人际交往的动力，它对平衡人类心理、克服势单力薄之不足起着非常好的调节作用。那么语言亲和力是如何产生的呢？

心理学家斯坦利·沙赫特对此曾做过一个这样的实验：他当时将 5 位自愿做实验的志愿者隔离在不同的 5 间屋子里，给这些人提供的住宿条件是相同的，然后让他们与外界隔绝。在他们 5 人当中，其中坚持时间最短的只坚持了 20 分钟，最长的时间达 8 天 8 夜。不过在他们当中都有孤独、难受、心理紧张这些心理现象出现。

斯坦利·沙赫特在这项实验中得出了这样的结论：亲和力是人与生俱来的一种本能，它源于人的本能。而且他还发现人类都比较喜好合群、组织家庭，也喜欢建立各种社会组织，这一点完全可以证明出来。有些人为什么会有一种恐惧感呢？就是因为他们太孤独了；那些不正常的人或在精神上出现毛病的人，都是因为他们离群了，这样就会在本来害怕的心理上长时间如此，使他们产生状态变异的心理。人类之间相互亲近，也是为了共同生存下去，这也是一个人的本能。从这里也可以看出来亲和力的产生条件来自于对生存的需要。

凝聚力的来源正是语言亲和力，语言亲和力在现实社会生活中也发挥着不可估量的影响与作用。人类社会的进步与发展、人们之间的团结友爱、互相帮助与语言亲和力息息相关。如果从个体出发，一个人在社会不断发展过程中的亲和力，可以从各个方面得到一定的熏染与培养。

语言亲和力有利于个体的身心健康，减少心理障碍产生的几率。人们社交的范围越广，精神生活就会越丰富，语言亲和力也就越强，心理发展就越平衡；语言亲和力也是培养良好的个性、获取知识、促进事业发展必不可少的重要条件；语言亲和力也是建立友谊、发展友谊的坚强动力。只要你的亲和力动机纯正，就会赢得许多朋友，就会在人生的道路上一帆风顺。

一位真正成功的人士，必定有一张能说会道的嘴，从他们口中说出的话也肯定能够提高他们个人的亲和力，具备了亲和力就会赢得好人缘，办起事来才得心应手。所以，说出具有亲和力的话对于一个人的成功有着重要作用，但如果一句原本好听的话，出自你的口就变了味道，那么就要检讨一下，你是否已经管好了自己的嘴。

人类凭借着亲和力，使自己如此坚强而有力地屹立在大自然的面前。人的这种求生动机，也是对语言严格要求的一种表现。那么，怎样才能利用好自己的嘴，聊出具有亲和力的话呢?

(1) 配合别人的感受方式

每个人都有各种各样不同的方式来感受这个世界，如视觉、听觉、触觉、味觉、嗅觉。前三种用得比较广，因此，一般说人有三种主要的感受方式。而且不同的人，倾向使用哪个感官也是不相同的。所以，人可以分成三种：视觉型、听觉型与触觉型。

一般情况下，视觉型的人比较喜欢快节奏，说话很快，思考也很快，喜欢阅读图表，而且行动力强；听觉型的人喜欢比较有秩序的生活，说话较慢但很有条理，喜欢交谈与聆听，行动力稍次；而触觉型的人很重视感觉，爱好舒适，说话有时是不看对方的，速度也比较慢。知道了这些之后，那么我们在与别人聊天的时候，就可以观察一下对方是什么行为主导的，之后迎合他的特性说出对方感兴趣的话，以此来增加彼此间的情分。

比如，对那种说话速度极快的人，要强调行动与成果；对那些说话时要分成一、二、三等要点的人，要强调逻辑与条理；而对于那种慢吞吞的人，多谈谈带来什么样的感受。如果你没有分辨出对方是什么类型的人，就张口说话，说好了对方可能会继续与你交谈下去，说不好对方可能会转身离去。一般情况下，第二种情况发生得比较多。所以说，在与人聊天时，一定要注意用用脑子，看看对方是什么类型的人，然后再张口说话。

(2) 配合别人的兴趣与经历

戴尔·卡耐基的著作《人性的弱点》在全世界的销量上，被称为仅次于《圣经》的超级畅销书。他在书中写道："我们要对他人真诚地感兴趣，聆听对方的谈话，就对方的兴趣来谈论以及鼓励他人谈论他自己。"

有一些朋友在从事直销活动当中，说自己与准客户无话可说，或是没有切入点，这正是因为在这方面缺乏功夫。

这时，我们需要对他人真诚地感兴趣，就像面前的这个人就是世界上对你来说最重要的一个人。当我们对他人真诚地感兴趣的时候，自然而然就会去关注他的一举一动。那么他的每一个细节都有可能是我们与他交谈的切入点。

比如：你在公共汽车上看到一个人提着一盆别致的盆栽，你就可以说："哇！这花真漂亮。叫什么名字呢?"假如对方愿意说的话，局面就这样打开了，就可以继续同他谈下去。但你要注意，在你开口说话时，一定要做好准备，防止说出不该说的话，流露出不该有的表情，如你与对方谈话时，满脸是贪婪的表情，似乎你想把别人的东西抢过来归自己，这样，在交谈中你不可能得到很多关于他的信息，也就断送了进一步交往的时机，由此可见，与人交往时一定要注意说话的艺术。

(3) 使用"我也"之类的句子

如果对方的经历或见解中有跟你类似的部分，你可以多使用一些具有神奇力量的短语，它就是"我也……"

例如："啊，你去过泰山啊，我也去过呢！是去年 4 月的事了。你是几时去的呢?""哦，你也认同爱就是要给对方自由，我也这么想的。""你同意产品的质量是最重要的对吧? 我也是这么想，因此你可以比较一下我们的产品与其他同类产品的质量。"

聊天哲语

凡有社会群体的地方，人们都懂得利用谈心的聊天方式沟通心灵，推动工作。

3. 聊天讲技巧，人人都愿意和你聊

我们需要聊天，就像我们需要吃饭一样，任何人都离不开。

许多人在正式谈论一件事情的时候，都喜欢以轻松的聊天方式来作为开场白，然后再逐步导入正题。正如物理学家不一定会和同事谈论刚才所做的实验，相反地，他可能会谈一些国家大事、天气状况、电视节目，甚至女同事的裙子，然后再迅速把握住谈话的主题，达到充分沟通的目的。

善于聊天的人，之所以能把谈话的气氛营造得很热络，并不是靠自己比别人懂得多，或声调比别人高，或最会讲笑话，而是懂得聊天技巧罢了。聊天聊得好，并不是什么秘密，甚至一点也不困难。首先，你的谈话态度一定要放轻松，然后再设法找出对方喜欢的话题，尽量让对方发言。这时的你，不妨装出有兴趣的样子，仔细地倾听。

当你在寻找话题的时候，最好不要涉及政治与宗教信仰这两个主题，因为这类话题最容易引起激烈的争辩，而将原来的轻松场面一扫而空。其实聊天，就是最好谈一些小的、不重要的事情。如果你以这些话题作为开场白，对方一定不会认为你是在说教、吹牛或宣扬你的主张。

我们在聊天这件事上最容易犯的错误，乃是一见面就喜欢从对方所从事的工作谈起。我们总以为，和医生谈开刀，和运动员谈打球，和商人谈生意经，和国会议员谈政治，乃是“天经地义”的事。殊不知，他

们一年到头做同样的事情，已经够烦的了，如果你再不识相地和他谈这些事情，表面上他不会表现出来，内心很可能把你当成是“无聊分子”。美国前总统肯尼迪最讨厌和别人谈政治，可是偏偏许多人都找他谈政治，还自以为此举可以讨好他呢。

那么，我们到底应该谈哪些事情呢？最好的办法，就是经常阅读报纸和杂志或上网留览一些新闻趣事，以增加各方面的常识。不然，除了“今天天气不错啊”之外，接下来你就不知道要聊些什么了。

新闻人物也是一个很好的话题，诸如马云、奥巴马、普京、杜特尔特。其他如哪里新开了一家餐厅、什么地方最适宜度假、艾滋病、恐怖主义者，都是很好的开场白。

“沉默虽然是金”，但在社交场合根本行不通，而且是非常不礼貌的。反之，善于打破沉默、谈笑风生、能带动气氛的人，走到哪里都会受到大家的欢迎。这种人不会让气氛沉默太久，让大家都有话题可聊。社交活动的目的，就是要让话题一直继续下去，使得宾主尽欢。

如果你是一个喜欢聊天的人，但不怎么会聊，以下几点建议，可以帮助你增进聊天的技巧：

(1) 如果在鸡尾酒会当中，不要站在一个地方不动，你最好往人群聚集的地方去，听听他们在谈些什么，这样你也有机会发表你的意见。等到有趣的话题谈得差不多的时候，再找个借口离开，另寻聊天的对象。这种游击式的方法，很容易找到真正可以聊天的对象，也可以认识许多朋友。

(2) 如果是家庭式的宴会，势必要坐着聊天，这时，你要和左右及对面的人聊，不要冷落任何一个人。还有，在主菜上来之前，不要把聊天的话题一下子用光了，免得上了菜之后大家都在沉默不语。

(3) 千万不要讲“不好笑”的笑话。讲笑话一定要看场合及对象，如果你没有把握，干脆别说。

(4) 聊天的话题是否有趣，所谈的一定要是每个人都知道的人和事物。如果你谈的是一个谁都不认识的人，必然引不起大家的兴趣。

(5) 千万不要说：“你们看，站在角落的那个女士穿得有多丑，而且她的脸还动过整容手术。”说不定听众当中，就有这位女士的丈夫。

(6) 如果你发觉听众已经不耐烦了，最好赶快闭嘴，听听别人的高论，何必一定要硬撑下去呢?

(7) 要学会夸人。要知道每一位男士都喜欢听到别人说他很风趣，每一位女士都喜欢别人称赞她很漂亮。

(8) 一般说来，谈谈自己的孩子，谈谈养的宠物，也是很好的话题。

(9) 有些网上的趣事也是很好的话题。

(10) 吃东西的时候，最好不要聊。

(11) 闲聊不要只谈自己的得意事。如果你在闲聊中只顾谈自己的得意之事，而对于对方的感受根本不去理会，这样会伤别人的面子与自尊。

聊天哲语

聊天是瞭望社会的窗口，朋友多，窗口就开得大，室内就会阳光明媚。

4. 聊天时，言辞上不能太锋利

学会不该说话时不说，不懂说时少说确实是一种教养。

我们尊重人格的平等，但是我们也尊重长幼有序的处世之道。

长辈与晚辈，上司与下属，老师与学生，在身份的差序上，我们更要把握好说与不说的分寸。

毕业时，小李到一家公司面试。面试官只问了他一个问题：你最喜欢哪个朝代？

小李认为自己是学文的，回答这个问题简直就是小儿科，于是他说我喜欢宋朝。

面试官则说，你为什么不喜欢唐朝呢？然后小李说了一大堆理由。

面试官听完后说：看了你的简历，你是个不错的人才，但你并不符合我们的需求，祝你在其他领域有更好的发展。

其实小李这次面试失败的主要原因就是：自己那种咄咄逼人的态度和轻蔑的话语。作为一个求职者的心直口快是无可厚非的，如果他要把这种态度带到工作中去，也许他永远不会得到上司的喜爱。因为当时的小李并不懂得聆听别人的需求和适当的沉默，只会用自己的观点反驳别人。用这样的交流方式即使你说的话是对的，对方也不会喜欢。

言辞上的锋利往往无法解决问题。在发生争论时，适当地闭上自己的嘴巴更好。不管什么时候，我们都更乐意和那些说话令人感到如沐春风的人在一起交流。原因很简单，他们风趣幽默、进退有度、谈吐优雅也更识大体，无论是在风度、气度还是内涵上都让人觉得很有修养。

一次朋友聚会，在座的妹子们都精心打扮了一番。

有两个男性朋友同时到场，一个皱着眉头说了一句：香水味儿好大，真难闻啊，朋友聚会搞那么风骚干吗？

另一个则说：你们今天都穿得好漂亮，我都不敢直视了，害羞。然后夸夸这个唇彩和妆容特配，夸夸那个鞋子和裙装特搭。

结果是，这个爱夸人、会聊天的哥们整晚都在和妹子们热聊，把她们逗得个个笑开了花。

而那个进门就紧皱眉头说话不得体的朋友，不管怎么插嘴，妹子们都对他不搭不理，只好一个人坐在角落喝闷酒。

这场聚会，那个会夸人的人受到妹子们的热捧，而那个不会说话的人却受到了冷落。道理很简单，跟人交际，假如你一张口就是不得体的话语，会让人倍感尴尬，那么接下来就很难再好好聊下去了。

每个人都喜欢那种聊起天来让人宾至如归的感觉，每个人都喜欢有面子，你不给别人面子，你也会遇到难堪。朋友聚会，聊天都应该有分寸、有教养。我们总是在聊天当中交朋友，而朋友更喜欢交有修养的朋友。

聊天哲语

学会聊天，是交朋友的一种必要的工具。

5. 不同的人，要聊不同的话

有一句经典的话这样说："一样的米养百样的人。"从人物性格的多重性差别性来看，这句话很正确也很实用——在社交中必须要针对不同的人做不同的分析，针对不同的人聊不同的话。

常言道，到什么山唱什么歌，见什么人说什么话。一个真正会说话的人，不见得字字珠玑、句句含光，但是，他总是能够聊出对方想听的话。

就拿经销商要想成功地说服客户来说，其中的秘诀也是了解不同的顾客的观点，并且从对方的角度看待问题。

钓鱼的人都知道，鱼儿喜欢小虫。当我们去钓鱼的时候，不能看我们需要什么，而是要想鱼儿喜欢吃什么。对待你的客户也是一样，针对不同的客人，你要了解他们的心理，唯一能影响别人的方法，就是聊他所需要的，引导他们去得到他想要的。

就拿市场营销来说吧，销售员如面对的是年纪大的顾客，不要只顾推销你的产品，要先跟他们交朋友陪他们聊聊天，现在的老年人大多都很寂寞，如果你愿意多陪陪他们，他们会很愿意接受你的。然后再从健康的角度延伸话题，切忌：千万不要开始就推销你的产品！因为现在的人都很敏感，让年纪大的人对你产生充分的信任之后，日后再推销你的产品就容易得多了。

如果是中年的客户，就要从他们的家庭切入主题来聊，比如：关心他们的孩子是否学习很辛苦？青少年在成长阶段最需要大量补充营养，中年人压力大最容易导致亚健康状态，家里的老人身体是否健康，从老人的健康就是儿女的幸福等这样的话题与他们聊，以取得他们的共识。只有他们在认同你的观点的时候，才很难对你说“不”，直到最终接受你的产品。

对待年轻的客户可以从他们对父母的关爱和自己的身体健康这类话题着手聊。“父母的生日你都打算送什么?”“送烟送酒不如给父母和长辈送健康，买产品还送保险何乐而不为?”“给父母送健康就是最大的孝敬!”“要美丽和健康就要维持身体的营养均衡。”

如果先交朋友后做生意，那样成功的概率就会很大。一个客户曾说过，如果一位推销人员能让我们知道他的服务或商品将如何能帮助我们解决问题，他就不需要向我们推销了，我们自然就会买。让顾客感到是他自己要买——而不是被卖。

有一句至理名言：如果成功有任何秘诀的话，就是了解对方的观点，并且从他的角度来看问题。只有从不同的人所关心的话题入手，你的话题和意见得到了广泛的支持和赞同后，就能引起共鸣，这样你成功的机会就大大增多了。

聊天哲语

闲谈在建立商务关系中是非常必要的，如果先聊天后做生意，那么成功的概率就会很大。

6. 你变得更健谈，他就喜欢与你聊

朋友们在一起高谈阔论，只有你一言不发，你是不是觉得太尴尬？两个人单独在一起时，异常安静，落针可闻，是不是觉得太沉默？那么如何让自己变得健谈些，下面教给大家一些有用的技巧：

(1) 尽量从对方引出话题，让对方谈自己，可以从对方的年龄、职业找话题聊。尽量不要与对方产生不一样的意见。引导别人谈他们的得意之事，人都喜欢听好听的话，尽量说对方想听的、喜欢听的话。

(2) 尽量引起共鸣、寻找共同话题，还可以在谈话中尽量寻找与对方的共同点。

(3) 聊天中，你可以坐在对方身边，而不是面对面地坐着。心理学家发现，面对面地坐着，通常容易引起聊天双方的紧张情绪。

(4) 在谈话之前就要做好准备。例如，事先了解一些与对方有关的事情、对方说过的话，聊天时就有了话题。尤其是，对方的理想、兴趣等。这样一定会取得很好的聊天效果。

（5）聊天中，千万不要主观臆断，不要说，你认为对方心里是什么想法，对方就一定是什么想法，这样很容易造成误会。最好是亲自问问，别人到底怎么想的。

（6）跟着对方情绪走。当你心情不好，非常郁闷时，别人却精力充沛，夸夸其谈，你心里好受吗？所以，要想与别人取得良好的聊天效果，有时不在乎你能说出多么好的措辞和见解，而在于你的节奏能否跟着对方的情绪走。例如，别人伤心难过时，你也要表现出难过的表情，然后配合他的情绪，说，“谁遇到这种事都会伤心的。不过，我觉得你应该……”这样就可以很好地开始一场聊天。

（7）在聊天中，如何引诱对方回答自己不太想回答的问题，有以下两个方法。“营造需求”法。每个人对话交流都有一种本人并不知道的固定模式，你只要找出这个模式，对话中营造出这个模式每一步所需要的元素，那么，对方就会在不知不觉中陷入你的圈套，当时机成熟时，你再问他当初那个他不太想回答的问题，那么，他就很可能会回答那个问题了。

（8）“迷惑”法。先给对方提一个很难、很费思考的问题，当对方陷入沉思中时，就会处于比较迷糊的状态，大脑的主观防御机制就会减弱。此时，你提出那个他不想回答的问题，很有可能他出于本能反应，就会回答。

（9）心理学家发现，人们越关注自己的感受，就越是情绪化，也越容易打开话题。所以，聊天中可以利用人们的这种心理，故意引导对方关注自己的感受。例如，你可以说：“天啊，真的这么糟糕吗？你当时一定气坏了。”“碰到这种事情，你肯定非常郁闷。”这样的话，对方一定会想起以前的情形，从而产生强烈的情绪体验。

聊天哲语

妙唱非关舌，多情岂在腰。只要发自内心，出于自然，什么样的语言都能取到好的效果，那种皮相的“深情款款”，只会令人反胃。

7. 聊天也要看时机

孔子说：“陪君子说话容易有三种失误：还没轮到自己说话却抢先说了，这叫急躁；轮到自己说了却不说，这叫阴隐；不察言观色而说话，这叫瞎子。”

孔子所指出的三个毛病，的确也是我们一般人容易犯的，第一个毛病是急躁而爱出风头，没有耐心听人说话的涵养，对于一个领导者来说，这一点尤其致命。第二个毛病是阴隐，该说话的时候不说，给人以城府很深，人很阴的感觉，尤其容易失去朋友。第三个毛病是不长眼睛，说话不看人家的反应，只顾自己说得痛快，得罪了人自己还不知道，这是炮筒子一类的人，尤其不能做与人交往、接待、洽谈等方面的工作。

那么如何把握好说话的时机呢？下面几点要注意：

(1) 适当时机说适当话

言语是人与人沟通的媒介，一天的二十四小时中，除了睡觉时间，多半要与人来往、接触，所以言语就成为一个人生活中重要的工具。“说话”太容易了，所以，往往无意识地，带点放纵地想说便说，很少考虑到有些话语到底应不应该说或是自己说某些话的目的何在，这是人的通病。于是，就直接或间接地制造了许多失言的机会。这类过失不外乎好自夸、充“内行”；喜欢挖苦别人，表面像开玩笑，实为使对方下不了台。更过分的是，为了满足好奇心，想尽方法打听别人的隐私，其后又张扬出去，破坏别人的声誉。更甚者是那些心口不一，满嘴阿谀奉承的言语。

有经验的人都知道，针对不同的对象、不同的事情，在不同的时机，所应该应用的聊天方式是不一样的。很多沟通技巧都要综合运用，比如要先听后说，要以对方为中心等，沟通技巧有很多，但是我们每一个人的背景不同、经验以及所处的时机不同，所以对沟通技巧的体会和掌握也不同。同一句话在不同时间、场合说出来，效果大为不同。例如，某次张某、李某刚参加完一位不幸早逝的同学的丧礼。一出门，张某礼貌性地问：你的事什么时候办？李某先是一愣，随即明白是问自己的婚事。一时语塞，张某也自觉失言，场面甚是尴尬。若换个时间、地点，这是标准的一句表示关切的话。可在彼时彼地就极为不合适。

在适当的时机说适当的话，就必须掌握说话的机会。适当时机说话，才能让言语变得有价值，否则说话时候不对，就是失败的说话。

(2) 察言观色

很多人说话不看对方，反正高兴聊什么就聊什么，完全不去理会别人的感受，如此漠视别人存在的聊天方式，不仅容易得罪人，而且也无法发挥言语上的影响力。因此聊天时，一定要看对方，不是单凭自己高兴就好，只有适时察言观色，才能让你的言语受到尊重。

(3) 注意声音的强弱

过强的声音只会让人听了不舒服，即使你说的话很有价值，但是在听者的心里却一文不值，毕竟咄咄逼人的声调，只会让人敬而远之，根本无法达到说话的目的。注意声音的强弱，才能让言语达到实质的效果。

(4) 不要胡言乱语

聊天最重要的是要有重点，否则说了一大堆话，不仅无济于事，还真是浪费时间。虽然我们并不需要成为演说家或谈判能手，但是，基本上，我们必须建立一种合适的说话方法，如此才能建立和谐的人际关系，也才能让聊天发挥沟通的作用，否则各说各话根本就是白搭。

看看现实生活中吧，总有那么多人自不量力，喜好幻想。幻想的东西本是虚无缥缈的，怎可当作真事乱谈？你乱谈，许下“以幻想代现实”之诺，到时候实现不了，那你就注定要给人留下笑柄。

相信很多人都经历过这类的事：在得意忘形时，说自己从来没犯过什么错误，跟着就会犯错误。如果说这是巧合的话，为什么这种巧合总是用于惩罚说话不讲时机，尤其把大话说在时间前面的人呢？有人辩解道：这正是上帝的旨意，因为上帝是不喜欢不分时宜地讲大话、吹大牛的人的。然而事实的关键是此前你是否知道什么话该在什么时机说。所以劝告那些不会把握讲话时机的人，好好管管自己的嘴。

说话是一种权利，更是一种责任。“夫者存亡，嘴舌有责。”这“嘴舌”作为一个人存亡的不可忽视部分，与权、责不可割断。但人有说话的权责并不说明人就可以毫无顾忌地胡言乱语。

古人说：“舌为利害本，嘴为祸福门。”就是提醒人们：一个人的荣辱，在很多时候就取决于他的说话水平。好话可以利己利人，坏话则害己害人。好话、坏话本身并无明确之分，关键是在什么时机说出来。说话关系到为人处事，把握好说话的分寸，能使人与人之间相处得和谐圆融，如果把握不好，就会导致各种不良的后果。就分寸的本义而言，它就是一种不偏不倚、可进可退的中庸哲学。说话时把握好分寸，正是这种哲学的实际应用。

说话选择时机和为人处事一样，时机的“分寸”是无所不在的。为人处事讲究的是要视时机、事件、对象和场合而定的。说话时机的分寸同样如此。在与人相处中，如果说话的时机把握不好，他的话就很难打动他人，求人帮忙时就更难说服他人。更别说做到愉快地与人交往了。

既然是交往，那么在语言上就应该与人为善，同时也应该学会维护彼此的尊严和权利。要做到二者兼顾，就必须把握好每一句话说出口的时机。时机是分寸的调和剂，摸清这种调和剂的真义了，得心应“口”的说话能力你就能轻易地把握了。

聊天哲语

我们每天都要与人碰面、接触、来往，所以聊天就成为每个人生活中的重要工具。

8. 如何与人闲聊

闲聊并不是小事。闲聊不仅能帮助你和别人建立有意义的联系，也是一项能使你在职业生涯中受益无穷的重要技能。如果你想知道如何熟练地与人闲聊，请遵循以下步骤去聊：

（1）让人感到舒服

①有亲切的肢体语言。如果你想让人感到舒服，就要做出一个“开放的姿态”，身体朝向对方，不要给人感觉太强硬。只需眼神交流，不要交叉双臂，直接面对他人。这样会使人感觉你是将所有的注意力关注在他身上，而不仅仅是不冷不热地与他聊。与人要保持适当的距离。把手机放下。试想如果和你聊天的人老是掏出手机看，是不是很烦人呢？虽然你应该让自己看起来渴望与人交流，但也不要给人太饥渴的感觉。不要太靠近别人，以至于给人太多压力，或是把人吓跑。很多人都是因为对方离自己太近，而产生抵触感，不想和对方继续聊下去了。

②给对方一个友好问候。如果你看见认识的人，就问候她并喊她的名字：“小王你好啊，真巧，在这儿碰到你。”这样简单直接，又能让人

知道你很乐意与之交流。如果你不认识对方，先自我介绍，这样你会更自信，对整个交流过程能掌握得更好。只要说，“我叫×××，请问你是?”当对方告诉你名字时，重复说一遍，会让对方感觉更特别。当你问候别人的时候，记得要注视着对方微笑。不要给对方“跟你聊真是浪费时间”这样的感觉，否则会让对方很不舒服。

③聊的事要轻松、积极。聊天不仅是交换信息，也是交换能量的过程。为了与对方更好地交流与闲聊，你应该使谈话的内容轻松、有趣又积极。如果你态度乐观，微笑也多，并且能笑着谈论那些并不那么有趣的事，那样别人一直想和你交谈下去——哪怕你只是在聊你最喜欢的事。不过如果你刚好那天或那周过得很糟的话，要让谈话保持轻松有趣是比较困难的。但是请记住，闲聊的时候很可能对方不是你最亲密的朋友，所以你不该谈论太消极的事情，否则对方会不想和你聊下去的。

④从一个小恭维开始。只要说像“你这衣服不错，哪儿买的?”就能以一件衣服为主题，开始一段有趣的对话。即使恭维并不能帮你开启某个话题，也会让别人在你开始讨论其他主题前，对你有些好感。

（2）开始交谈

①找到共同点。所谓共同点，并不意味着你和对方都得是同一个球队的球迷。共同点也可以是“这周天气很不好，你们都没法出去”，这样简单的话，只要能让你我关联起来的事情，即便可能显得牵强，都能被视为共同点。如果你不想谈天气，那么就记些“小话题”，在谈话的过程中，从“小话题”逐渐引导到“大话题”。以下有一些建立共同点的方法：“张老师的课很有趣啊。”“小莉妈妈做的菜实在是太好吃了。”“最近连续两周都是雨天，都没法出门了。”“我每个周末都来星巴克坐坐，在里面上网喝咖啡呢。”

②说一些你自己的事情。建立共同点之后，你就可以往下扩展，说些个人的事情了。比如：“我们英语系的张老师讲课很棒啊！她教的英

国文学我从不翘课。”“你问我怎么认识小莉的？去年我们是同班同学呀。”“雨天没法出门，我跑步计划全泡汤了，所以感觉身体也没以前那么精神！”“这家星巴克周末上午都很安静，看书效率实在高，又能边喝边看，感觉棒棒哒。”

③和对方一起投入对话的过程。既然已经建立了共同点，而且讲述了一些你自己的事情，是时候问一些关于对方的信息，让对方也开始讲自己的事情了。尽量不要问个人的事，如健康问题、宗教或是政治观点。使整个谈话轻松有趣，问一些关于兴趣、工作及生活环境的开放性问题。下面就教你如何引导对方参与到对话中来：“你们系有哪些老师比较有意思的？能不能举个例子？”“你也去小莉家聚会过？她妈妈给你们做了什么好吃的菜呀？”“雨天我就没法好好运动了，对了，你平时都去哪运动的呀？”“你也是周末来这家？那咱们下次可以一起喝点东西呢。你喜欢哪种咖啡？”

④用问题或陈述让对话继续下去。根据对方的反应，决定是以疑问句、陈述句还是一小节笑话继续谈话。试图在问题和陈述中找到平衡点。太多的问题会给人一种审问罪犯的感觉；太多陈述句，又没法给对方交谈的空间。下面举个例子，教你如何使谈话继续下去。对方：“我们法文系的欧阳教授不错啊，人又帅又幽默，哈哈。我上法语课就是冲着他去的。”我：“真的？那我能不能去你们系蹭蹭课啊！下次带上我好不好，我也对法语很有兴趣呢。”对方：“她妈妈做的菜可好吃了，我跟你说，我上次喝了小莉妈妈炖的牛肉汤，那真是好吃啊。”我：“我上次也吃了她妈妈做的牛肉面，厨艺真好！下次我们一块把小莉约出来请她吃饭吧？”对方：“雨天其实没什么的，我下雨天就去健身房锻炼。”我：“你去哪家健身房？我也正打算选一家去，你推荐一下，我也去办个会员。”对方：“咖啡嘛……我喜欢 Americano，美式咖啡慢慢品还真是别有一番韵味。Espresso 也不错啊，当然喝什么是看我心情了。”我：“这

两种我也喜欢，我不喜欢太甜的，看来咱们所见略同啊。”

⑤注意周围的环境。开启话题、进入状态以后，可以说一些笑话改善气氛，你也可以看看附近有没有一些能帮你继续聊下去的东西。你可以从旁人的穿着或墙上的装饰着手。使用这个方法的时候，要注意和正在聊的话题不要差得太远，下面举些例子：“那人穿的鞋子不错，你知道在哪儿可以买到?”“这里放的音乐很不错啊，我就是不喜欢太吵的，你呢?”“啊，这些社团又开始发传单了。去年我加了一个社团，你呢?你加了哪些社，感觉怎么样呢?”“《三体》这书我看过好几遍了，你有没有其他读过的科幻小说推荐一下?”

⑥花时间去倾听。仔细倾听别人所说的话，能帮你确定新的共同点，并将对话引向更加丰富、有趣的方向。对方会对你的问题或主题做出一点评论，所以要认真倾听，看看对方说的话是否能引出新的话题。以下例子能告诉你，两人该如何抓住线索，引导对话走向更深层面：

我：“暑假旅行时我遇见了小莉。我们当时都在泰国玩来着。”对方：“我记得她跟我讲过！她好像还教了我两句当时学的泰文，听起来怪好玩的。”我：“泰文我就记得一句：‘萨瓦迪卡’，其实还学了几句，但是都给忘光光了。我还记得曼谷皇宫的屋顶很漂亮啊!”对方：“是啊，我记得在照片上看到过，金灿灿的好炫酷！我有个舅舅在泰国清迈工作，下个月我也有机会过去旅游呢。”我：“清迈也是好地方啊！我当时在夜市里逛了好久，吃了好多好吃的海鲜。”对方：“和你家吃到的海鲜不太一样吧?”我：“当然了！虾啊，鱼啊，又大又鲜，当时还看到有厨师在路的一边炒菜，炒完扔到马路另一边，让助手接住，这样做出来的菜感觉特别爽口!”对方：“真的吗？那我去泰国的时候一定要见识一下！呵呵!”

(3) 注意结束聊天的细节

①在交谈快结束时，你可以更多地展现一些个人的爱好与兴趣，不

论是你对猫的喜爱，对瑜伽的热爱，抑或是对你最喜欢的乐队的新专辑的看法都行。让对方更多了解你，这样可以使你们的交流达到更深的层次。

②如果进展得很顺利，跟对方提议再多交流一会儿。如果你确实很享受和这个人交流，不论是想和对方交往，或者想成为普通朋友，你可以说你很喜欢和对方谈论某个具体的话题，并询问对方是否想和你再聊一聊，或是给你电话。你可以说："我想和你一起看那部新电影。可以把你电话告诉我吗？我们可以之后交流看电影的细节。""认识你真是缘分呢，我以前都没见过跟我一样喜欢这乐队的，不如你给个电话号码吧，以后可以多聊聊呢?""既然你家那么近，下次开 party 的时候也来吧？可以给个电话号码吗?"

③结束语也要说：在你闲聊之后不得不走时，不论是回到人群中还是和派对上的另一个人说话，你都应该保证对方感到自己很重要，而不是像走过场一样。以下是一些礼貌地结束对话的方式："和你交谈很开心。我回头告诉你那种菜的做法啊。""我很想和你多聊聊西班牙旅游的事，但是我还没有和小妮打招呼，她好像准备走了。""这是我最好的朋友小萍。你之前碰到过她吗？我把你介绍给她吧。""要是能继续聊下去就好了，但是我还有事。下次再聊，不过不会很久的。"

聊天哲语

许多人认为闲聊只是打发时间和避免尴尬的一种方式，但许多伟大的友谊和关系都是从谈论天气开始的。

第 6 章 和谁都能聊得来

聊天是每个人必须掌握的一门学问。不同的人有不同的聊天话题：老人有老人的话题，年轻人有年轻人的话题，小孩有小孩的话题，男人有男人的话题，女人有女人的话题……掌握了这些，你就和谁都能聊得来。

1. 如何与孩子聊天

2008 年 7 月 20 日六安新闻网报道："你和孩子经常聊天吗?"记者带着这个问题去问 10 位家长时，有 9 位家长答案是一致的，很少聊天。只有一位家长表示，她和孩子沟通顺畅，但不是用语言，而是用动作。一所中学对 230 多名高一至高三的学生调查发现，有七成的学生不喜欢和家长聊天，有八成的家长感到自己和孩子存在距离和隔膜。

这个报道，告诉我们与孩子聊天是父母们必须掌握的一门学问。在我们现实生活中，很多父母习惯把自己的"教训"、"命令"、"责骂"等都归于孩子身上。实际上，这种沟通的方式是消极的。这种沟通方式，会使孩子封锁自己的心灵，甚至会离间亲子之间的关系。

事实上孩子需要的是与父母平等交流的机会，而不是父母的指责和教训。这似乎是一个无法调解的对立体。从孩子的角度看他们的烦恼：世界上就没有人理解自己；从家长的角度尤其是父母的角度看他们的烦恼：孩子不对自己说心里话，有一颗为孩子无限付出的心却面对孩子的困惑无能为力，从而痛苦焦虑达到顶点。

所以，"沟通不畅"成为父母和孩子之间交流的最大阻碍，在我们的现实生活当中，很多大人根本不懂得跟孩子聊天，他们跟孩子之间的对话永远都是："功课写完了没?""琴练了没?""考几分?"这些会导致孩子的逆反心理，孩子会越来越不愿意和父母倾心地聊。那么到底用什么魔法，可以让孩子愿意向父母倾诉说呢？其实这些小技巧一点儿也不困难，你也可以做得到！

(1) 问"小"不问"大"

孩子跟大人不一样，他们很难理解抽象的问题，也很难回答。因此，想要了解孩子在学校的概况，要尽量避开“抽象”、“大范围”的问题。不妨改问一些很简单、一定有答案的问题，不妨从细节开始。

不要问：“你今天在学校过得如何？”“你今天在学校做了什么？”这种问题，孩子很难回答，或是只会简单回答：“还好。”“没做什么！”这样会让聊天很难持续下去。

你可以改问：“你今天在学校上了哪些课？”当孩子说出自然、音乐、语文的时候，你就有机会接着：“喔！那自然课今天教什么？”孩子就会接着回答你的问题：“教气象啊！什么气温、风向的，无聊死了！”“喔！那音乐课有没有好一点儿？……”你就可以借机了解他今天做了些什么，并持续交谈下去。

也可以问孩子一些与学习无关的事情，比如：“今天的营养午餐（或点心）有哪些呀？”“你们班上谁吃得最多？谁吃得最慢？”由一些生活小事打开话匣子比较容易，这些问题简单易懂，孩子通常都会争先恐后地回答，不会感觉到压力。

（2）从别人的事谈起

从“别人谈起”是一个很好的聊天方法，比方说，孩子会告诉我班上谁吃饭吃得最慢、谁最常被罚、谁功课最棒、谁今天又打了谁，等等。当然，在聊天过程中，我们就能窥见他处于什么样的位置、对同学的行为有什么样的看法，然后了解孩子在我们看不见的时候，是用什么样的身心状态去处事。

（3）不要“否定”，只要“同理”

大人跟孩子聊天，很容易发生的一个状况，就是大人常常喜欢否定孩子的感受。比方说，当孩子说：“自然课无聊死了”的时候，你绝对不会接着说：“自然课不无聊啊！天气、气象是一件很有趣的东西……”

只要你这么一说，这个话题就聊不下去了！因为当孩子觉得你并不认同他说的话时，他后面的话很容易就咽了回去。

比较好的方式是回答："喔，自然课很无聊啊，你可以告诉我是什么让你觉得很无聊吗？"

"因为我本来以为自然课可以做实验、看酒精灯之类的，结果都是坐在教室里上课！无聊死了！"

家长们应保持中立的语调、真切地去感受孩子的感受，往往可以让你知道孩子有更多的想法，了解他的需求，进而帮助他解决困境。

（4）只要"倾听"、不要"说教"

和孩子聊天，最忌讳的就是说教。任何一种话题的聊天，只要沦落到说教与听训，那就没趣到极点了！所以，聊天时可以对对方、对话题保持高度的兴趣，多询问、少评论，多说"你"，少说"我"，就很容易让话题源源不绝地继续下去。

比如，孩子说："妈，豆豆今天打我。"

"喔，为什么？"

"因为我要玩恐龙，他不准我拿。"

"那你怎么办？"

"我就去玩别的了。"

"你怎么不告老师呢？我不是教过你，人家欺侮你就去告诉老师吗？你也可以跟他说，公用的东西大家都可以玩啊！妈妈不是跟你说过吗？"

如果是采取这样的聊天方式，那么肯定话题就此戛然而止。孩子最后一定是紧闭双唇，不再多说一句。此时不妨继续询问："喔，那你心里有没有觉得很不舒服？"或者"那你还想玩恐龙的话怎么办呢？"

这时，你就会听到他真正的想法："还好啦！我想他先玩也没关系，等他玩完了，我再玩就好了啊！"或是"我很生气啊！所以我就跟他说：'我不跟你玩了！'"

（5）注意肢体语言

适当的肢体语言，会让孩子觉得你重视他、想要认真和他聊天。除非是在开车的时候，否则我在和孩子聊天时，都尽量以平行的目光注视着他。如果孩子还小，那就蹲下来；如果是个大孩子，那就拉着他的手坐下来。即使是手边在忙着家务活，在跟孩子讲话时，也必须要时时转头看他的表情。因为注视别人、专心倾听，就表示你很在乎跟他说话。

孩子对于肢体语言很敏感，一边跟别人谈话一边敷衍地说着嗯、啊、喔；或是眼睛一边盯着计算机一边听他说话，都不是正确的聊天方式。

另外，大部分的孩子都喜欢亲密的接触：握握他的手，摸摸他的头，搂搂他的肩，搓搓他的颈，顺顺他的头发，拍拍他的背等。通常，对有一定熟识度的孩子适当地使用一些肢体语言，都会在聊天时产生非常正面的效果。

聊天哲语

聊天是每个人必须掌握的一门学问。

2. 如何与老人聊天

闲聊，对老人的健康来说，只要是不引起老人感伤情绪波动的，大多数均是积极的聊天方式。聊天能抒发情感、增添情趣，又是强身健体的良方、良药、良医和秘诀。

其实，聊天不只是对老人有多多益处，作为年轻人，同样可以在同老人聊天的过程中，收获一份人生经验。

静心地坐下来与老人聊天，可以锻炼自己的定力与耐性，让自己以平常心待人接物，尤其是对待一些啰嗦、絮叨的老人，与其粗暴打断、置之不理，不如坐下来练练定力。

这时，不妨把同老人聊天当成是在日常紧张的打拼中一种放松。从老人身上，你可以领略那份去留无意、宠辱不惊的淡泊和从容，在柴米油盐的琐碎中品尝一份生活的真味。

另外，聊天是走近老人生活的最佳方式，可以让历史细节渐渐丰富起来，更可以让思想不那么轻飘，不那么漫无边际而自以为是，有个叫李辉的作家，曾在《北京晚报》和《人民日报》任文艺记者和副刊编辑，还专门从同老人聊天中获得素材，出了一本书，书名就是《和老人聊天》。

找点时间，找点空闲，陪老人聊聊。不需要太久，不需要太投入，也许，直到有一天，自己也成了一个老人，才会明白，和老人聊天是一种怎样动人的幸福。

在公园里、广场旁、茶馆里、院落中，总有一些老人爱聚在一起闲聊。他们说古道今，讲历史、忆青年、话当今，脸上还不时露出愉快的笑容。

如今，不少子女已经意识到，要让父母的晚年生活过得充实，不仅是物质上的，更要心灵上的沟通。于是，有空常陪老人聊聊天，成为子女关爱老人的一种方式。那么如何与老人聊天呢？下面几点在聊天中要注意：

(1) 老人怀旧，多听他讲一些以前的事儿。

(2) 你就说：您身体很好啊，您这个年龄的，哪见过身体这么好的。

(3) 另外，和老年人聊天要有耐心，多听他们说，他们一辈子的经历，很想说出来，很少有机会，听的时候并且要表示赞同。

(4) 老人话都比较多，说完就忘了，会一直不停地唠叨，倾听就好，适当的时候插上两句，别走神。

(5) 可以跟他聊聊以前的生活，回忆当年的艰苦岁月，你会更透彻地理解老人，也会更容易和他们相处，也让我们现代人去珍惜如今的好生活。

(6) 你可以聊你每天看到、听到的趣闻，也可以把你心中的快乐的不快乐的都向老人家倾诉，这样他会把他的人生经验分享给你，让你更坚强。

(7) 和老年人聊天就像和小孩子聊天一样，说话语气要温和，有的时候老年人听不懂，就要和他们耐心地解释，老年人也会像小孩子一样很天真。

(8) 态度：要和蔼可亲，平易近人，脸上常带微笑，让老人能感受到你的亲切感。

(9) 位置：不要让老人抬起头或远距离跟你说话，那样老人会感觉你高高在上和难以亲近的，应该近距离弯下腰去与老人交谈，老人才会觉得与你平和，觉得你重视他。

(10) 用心交流：你的眼睛要注视对方眼睛，你的视线不要游走不定，让老人觉得你不关注他，也可以摸着老人的手交谈。

(11) 语言：说话的速度要相对慢些，语调要适中，有些老人耳聋，须大声点，但还要看对方表情和反应，去判断对方需要。

(12) 了解情况：要了解老人的脾气、喜好，可以事先打听或在日后的相互接触中进一步慢慢了解。

(13) 话题选择：要选择老人喜爱的话题，如家乡、亲人、年轻时的事、电视节目等，避免提及老人不喜欢的话题，也可以先多说一下自己，让老人信任你后再展开别的话题。

(14) 真诚地赞赏：人都渴望自己被肯定，老人家就像小朋友一样，喜欢表扬、夸奖，所以，你要真诚、慷慨地多赞美他，他就高兴，那谈话的气氛就会活跃很多。

(15) 应变能力：万一有事谈得不如意或老人情绪有变时，尽量不要劝说，先用手轻拍对方的手或肩膀做安慰，稳定情绪，然后尽快扯开话题。

（16）有耐心：老人家一般都比较唠叨，一点点事可以说很久，你不要表现出任何的不耐烦，要耐心地去倾听老人的话。

除了以上几点外，还要注意要识别老人的类型，根据老人的类型有针对性的聊，让老人更喜欢你。

类型一：絮叨型

树老根多，人老话多。爱絮叨几乎是所有老人的“专利”。你若做不到陪他们一起絮叨，其实很简单，只要张大一双耳朵，静静地倾听，这就能让老人相当欣慰了。当然，时不时的，你也要应付一两句。而要应付得适当，也有讲究。

宜：①最简单的办法是静静耐心地倾听。②时不时也要应答一声，简单的一句“嗯”、“哦”、“是吗”就很让老人满足了。

忌：置之不理、充耳不闻或粗暴打断都是不可取的。

类型二：怀旧型

老人讲旧事，年轻人讲本事。老人聊天的大多内容就是怀旧忆旧，尤其是有过艰难岁月或成功辉煌的过去。

宜：真是这样的，真的吧？(配以夸张点的好奇、惊讶表情)

忌：都是老生常谈了。说了 N 遍了，我都能背了。

类型三：怨怒型

这类老人一见到你，不是抱怨这就是抱怨那，要不就是今天这儿疼，明天那儿又不舒服。时间久了，你会发现他说的至多有十分之一是事实，但即使这样，你也不能断然拒绝倾听。

宜：①真是这样的吗，太不幸了。②要我做什么才能帮到您？

忌：①这有什么。②我的麻烦够多了，这点小事别老在我面前啰嗦。

类型四：说教型

俗话说：不听老人言，吃亏在眼前。老人走过的路比我们年轻人过的桥还多，他吃的盐比我们吃的饭多，他有绝对的资历来做我们的工作、生活、恋爱等方面的导师，要多听听老人的忠告，会让我们年轻人少走弯路。

宜：①您说的没错。②我记住了。③您这办法我下次一定试试。

忌：①这是我的事。您少操心。②我能解决的，不用您来啰嗦。

聊天哲语

聊天能抒发情感，增添生活情趣，又是强身健体的良方。

3. 如何与女人聊天

为什么有些男人总是能跟女人有说有笑、侃侃而谈，而有些男人却怎么都无法激起女人的兴致，甚至根本不知道要说些什么？

没错，很多男人在“聊”这个部分的确有待加强。根据观察，有些人先天条件虽然不是最优，不过通过高超的言语技巧，他们反而更能够捕捉女人的心。相信你一定也曾目睹类似的情形发生。

法国哲人伏尔泰说过：“给我十分钟，我光靠这张嘴就能说服任何女人。”当然，我们无法判定这句话中吹嘘的成分有多少，不过我们可以大胆推测，男人的嘴巴似乎潜力无穷。

问题是，会说话的男人到底具备哪些特质？是上知天文、下知地理吗？是甜言蜜语、诱拐哄骗吗？是装疯卖傻，专走搞笑路线吗？还是干脆当个“最忠实的听众”，随时随地给予安慰与鼓励呢？

其实，倘若想赢得女性的好感甚至青睐，前提是要了解女性，女性的喜悦、痛苦、欢乐、忧伤，以及女性微妙的心理变化，而女性复杂的内心世界种种迹象，常常是男人难以观察和把握的，有时会给人造成误会。

女性往往困于自身的角色，不能像男人那样表达自己的某种真正的需要，而是把它隐藏起来，期待他人的发现与探讨。的确，女性的特性给男人把握她的情感心理带来诸多障碍。

也许，女性在男性眼里是一个神秘的偶像，仿佛不可把握的难解之谜。让男人难以理解的是，女人会突然破涕为笑，情绪低落，甚至喜怒无常。

当一位女性站在男人面前时，会情不自禁地戴上面具，扮演她认为好女人的角色，这无疑会使他们感到紧张，特别是当男人赞美女性时，女人自然而然地按着男人所赞美的那样去做，而不管自己是否真的是这样的人。女人的脆弱，女人特有的心地善良就充分表现出来。

无论是男人还是女人，都有一定的虚荣心，通常而言，女人较之男人更加虚荣，因为女人表现得比男人更加自尊。女人事实上也渴望把握这个世界，但其征服欲往往由于能力限制而受到压抑，愈是受到压抑愈是渴望满足，因而女人往往比男人更爱慕虚荣。

作为男性，对于虚荣心极强的女性，更要善于发现她的优点，不能在众人面前说她哪一方面欠缺，如果她是其貌不扬的女子，你可以多夸她的气质、心地、个人爱好，使她容易接受，并且对你也有善意的回报，她会觉得你素质高，能够理解人。

总之，不论什么场合，你首先要夸女人的漂亮、聪明、善良，还有性感，当然，这个词一般对周围相当要好的朋友，不太熟悉的女性最好不用，不合乎民俗。男人和女人都需要赞美，不过，女人的需要比男人强烈，对家庭主妇来说，家庭成了她们的事业，从家庭这个话题来聊更能体现她们的价值和人生意义。

作为一个家庭主妇，你可以从她的男人的成功入手来聊，每一个成功的男人背后都有一个奉献着的女人，女人不但支持了丈夫，更是把自我融入了男人的事业中。

当然，家庭主妇不仅希望丈夫事业成功，她还希望自己的孩子出类拔萃，孩子是她的希望，精神寄托，每一位和睦的家庭离不开一个贤惠、善良的家庭主妇，而孩子的成长都离不开那含辛茹苦的母亲。丈夫事业有成，孩子与众不同，妻子当然高兴，同样使她感到骄傲、自豪和欣慰。面对家庭主妇从这两样来聊是最好不过的，如果适当地在她面前稍加聊她的奉献、纯朴、善良方面的，那将收到更好的效果。

其次是对她的劳动给予高度评价，因为家庭主妇的全部心血都凝聚在家庭之中了，那些独具匠心、温馨而实用的窗帘，家居布置，那些精巧的手工制品，整洁的厨房，以及每一道色味鲜美的菜肴，都无不包含她们辛勤的劳动，都无不是她们心灵手巧的反映。正是她们在平凡的日常琐事中，实现着她们生命的价值。家庭，是她们赖以生存的空间，也是极富社会意义的缩影。

话说回来，聊什么话题倒是其次，真正的关键在于“气氛”。绝大部分的时候，不要刻意局限话题，因为营造的气氛最重要，就是让女人感觉跟你聊天很舒服、没有压迫感。

不过女人要的不只是气氛，她们更希望遇到能够激发她们思绪的男人。换句话说，你若能适时发表你对事情独到的见解，或是点出不曾被察觉的微妙之处，并以类似“说故事”的情节作描述，你将使她产生前所未有的悸动。这样聊效果更好些。

总之，掌握一定聊天技巧很重要，但还要注意以下几点：

＊多谈女人感兴趣的题目，比如饮食、化妆、购物、家庭、往事，通常思想性及政治性是大忌。

＊与女人讲话的时候，动作不要多，摆前摆后，这会给她一个印

象，以为你对她所讲的话不感兴趣。

＊与女人谈话的时候，要望着她，但不需凝望，只是望着她的方向。

＊对一个女人提起的话题，不要企图改变，也尽可能不要插嘴。

＊听女人讲话时应有立即反应，时不时在中间插入“哦”、“呀”等简单的语言词语及多点头。

＊女人问你一个问题时却不要说“哦”、“呀”、“不”、“是”或“也许”等，应给一个完整回答及解释你的意思。

＊对女人千万不要用命令或教训的口气，多问她问题，这样会聊得更好。不要用命令式语气对女人讲话，也不要说“拿这个拿那个来”，应说“请你”，如果关系亲密，前面则要加句亲密称呼。

＊讽刺的笑话，留起来对男性朋友讲，不要预料她哈哈大笑，女人都是不欣赏这种幽默感的。

＊给女人出主意，最好说：“我认为……”女性一般具有优柔寡断的性格，如果朋友叫你一同上街购物，而不时地征求你的意见时，你应说：“我认为这一件比较好。”“我认为这一件比较适合你。”“我就来替你决定吧。”而不要说：“我也弄不清楚，看起来真分不清哪件是漂亮的！”等等，这样她就会产生一种依从的心理。

＊让对方先看到你的一些优点，喜欢和你说话，即使你没有好多的话题，她也会去找话跟你说的。

＊还要考虑一下对方是属于什么性格的人。若是性格开朗便可随意侃侃而谈，对于任意的话题，都不会介意的。但若是性格比较内向，平时不善于言谈的，要注意一下说话方式，要从对方的眼神里看出她想要表达的欲望与想法。

＊注意眼神：眼神是心灵的窗户！虽然这句话俗而无味，但要细细体会，你会发现真的很对！多看些交际方面的书。然后再实际运用一

下！

＊有了话题，还要有言谈的内容。内容来自于生活，来自于你对生活的观察和感受。我们往往可以从一个人的言谈看出他丰富的内涵及对生活的炽烈感情。这样的人总是对周围的许多人和事物充满热情，很难想象一个冷漠而毫无情致的人会兴致勃勃地与你谈街上正流行一种长裙。

聊天哲语

聊天，绝大部分的时候，不要刻意去聊话题，关键是营造一种气氛。

4. 如何与男人聊天

好多女人们在一起能叽叽喳喳聊个不停，但是碰到男人们时就会语塞，不知道该怎么聊，从哪里聊，如何聊。不要着急，看看以下几条或许对你有帮助：

（1）让他掌握主动权

把话题转移给他，然后对他的观点大部分认同。男人都喜欢自己被人家认可，对小部分问题要和他持不同意见，要不然你在他的心目中就成了没有思想的女人了。

（2）你掌握主动权

你的话题得引起他的兴趣，切忌枯燥，你谈不来男人感兴趣的话题，但你谈中性的也可以，比如说当下的时事、社会热点、网上的头条、家庭生活、孩子教育……也可以谈一些很女性化的话题，但前提是他对女生的生活好奇和他表示大男子主义。

（3）不要谈伤男人自尊的话

男人都是自尊心很强的，千万不要在他面前过分夸奖别的男人，比如别的男人家庭条件如何优越、收入存款，别的男人如何懂得浪漫、如何对女人温柔体贴。说者无意听者有心，这些话题会深深地印在男人那个看似强壮却敏感脆弱的自尊心上。

（4）加强谈话互动性

不要经常问男人一些一两个字就能回答的问题，否则你又要重新找话题接着聊。谈话是需要技巧的，同样的问题换种方式问，虽然得到的答案是一样的，但是效果可能会大不相同。

聊天哲语

聊天人人都喜欢，因为聊天很自由、很舒畅、没有压迫感。

5. 如何与同事聊天

公司里琐碎的事情比较多，人与人之间的关系也比较复杂，特别是在公司里，几个人凑在一起闲聊，话匣子打开就很难合上。这些事情看上去虽小，但若处理不当，可能会使你处于不利的境地。很多人因为管不住自己的嘴，就有可能说别人的坏话，而另一些人就会随声附和，甚至添油加醋地加以传播，那后果将不堪设想。

同事是工作伙伴，不是生活伴侣，你不可能要求他们像父母兄弟姐妹一样真正地包容你、体谅你。很多时候，同事之间最好保持一种平等、礼貌的伙伴关系，彼此心照不宣地遵守同一种游戏规则，一起把游戏进行到底。更多的时候，你需要去体谅别人，站在同事的角度替他们想一想，也许更能理解为什么有些话不该说，有些事情不该让别人知道。

要与同事聊天，就要聊些与职场无关的话题，关注周围的新闻和大家都关心的事情，把近期的新闻作为话题，是一个很好的选择。周围发生的、大家比较关注的事情，比如房价啊，交通啊都可以聊。只有很好地做到独善其身，才能使你广结人缘，不会被卷入是非的旋涡里，从而使你在公司里做到游刃有余，为自己创造更好、更和谐的工作环境。因此，在公司里聊天要注意以下几点：

（1）常带微笑，和对方有眼神交流

俗话说得好："抬手不打笑脸人。"和同事相处，如果对他们正在热烈讨论的话题感觉无话可说，那么你要学会微笑倾听。和对方说话时，一定要有眼神交流。

自己要调整心态，别先入为主地认为和同事无话可聊。在职场中，想要和同事愉快相处，自己首先要抱着积极融入大家的想法，平时多留心周围同事关注的事情，为寻找话题打下基础。

（2）在涉及具体个人的是非八卦面前，巧妙地保持中立

这个时候，一点都不插嘴也是不好的，有人的地方就有是非。所谓水至清则无鱼，人至察则无徒。当你的同事们八卦时，要学会巧妙地保持中立，适当地附和几句："是吗？"对于没有弄清楚的事情千万不要发表明确的意见，总之，要学会"参与但不掺和"。

（3）面对不同年龄层的人，聊不同的话题

和年轻一点的人在一起，食物、衣服和生活中的趣事都是很好的话题，而年龄大一点、有孩子的同事在一起，话题都离不开孩子，你可以听他们说说孩子的趣事，附和几句。和年长的同事聊天，要有一种请教的姿态，表现出你希望听到他的建议和教诲。当然，这些都要因人而异，所以在平时要多留心同事的爱好和性格，寻找共同的兴趣点。

（4）女人的话题在有女人的地方一定受欢迎

如果你想和女同事找话题，那就更简单了。关于女人的话题，一定受欢迎：美容、打折、化妆品、衣服、鞋和包、减肥……一些小技巧和小经验的交流，立马让你们之间话如泉涌。

(5) 同事间聊天时，要注意倾听

多倾听对方意见，重视对方意见，这是一种很重要的沟通技巧。和同事聊天你要注意聆听、聆听，再聆听。

(6) 千万别聊同事的隐私，也少谈本单位的事情

同事之间在一起天南海北都可以聊，但是不要涉及隐私，即使是同事自己告诉你，你在发表意见的时候也要三思而后行。

总而言之，待人还是要讲究真诚和热情，做人就像照镜子，你笑他笑、你哭他哭。和同事聊天的时候要讲技巧，讲方法，还要动脑子，毕竟那是职场，不是在家里。

聊天哲语

在公司里，大家适当地聊些天，可以创造更轻松、更和谐、更活跃的工作环境。

6. 如何与老板聊天

工作场所最有挑战的领域之一就是交流，也决定你的事业成败。你对老板所说的话会影响他对你的印象，从而意味着被提升或被忽视这两种不同结果。所在职场上与老板说话聊天应该谨记，下面这几方面应当注意：

(1) 多聊自己的看法、建议

如果你对于公司的经营方案与计划有想法或需有改进的可提供的建议，则不要惧怕与老板分享它。老板们欣赏具有主动性和想象力的员工，他们总是希望他的员工能够打开思路来帮助企业更好地运营。当你具有创造性并致力于公司的成功时，你将脱颖而出，这两种品质可大大提升你的职业和专业声誉。

(2) 不要等到最后一分钟

在企业中，当你有重要消息要分享时（不管是好消息还是坏消息），都不要耽搁，而是要让你的老板尽快地知道。虽然分享令人不愉快的消息并不容易，但可以肯定的是，你的老板宁愿早知道而不是晚知道。

提醒老板可能存在的问题，会使他们有机会作出反应并有希望在它恶化之前平息局势。

(3) 要求你想要的

你对公司有抱怨不满意的地方，心里知道但不言表。你要说出来！老板也是人，通常他们想要的是高兴和满意的员工，因为这样的员工工作效率更高。如果你对另一项任务感兴趣，或者想更改工作计划以更好地满足交付时间，只要你站出来去和老板谈，是能够有得偿所愿的机会的。

(4) 不要对任何请求都说“是”

向老板提出的一切建议，员工都会感到压力。告诉老板你的不同意见需要勇气，但有时这是最佳行动。如果你确实觉得提议的项目或时间安排不现实或没有好处，则最好理性和公开地表明你的不同观点。如果你的工作负荷已经很重，则对新项目说“是”，只能进一步加大压力，甚至可能对你的工作质量产生不良影响。所以不要害怕说“不”，但尽量提供替代和折中方案。

(5) 不要讲同事的坏话

办公室中偶尔会发生对抗和不好的感觉，但对同事指指点点的批评只会使情况更糟。如果你把这事也和老板反应，把老板带入其中经常会使情况恶化。如果与同事之间有问题，尽量自己先解决掉。如果必须要告诉你的老板，则尽量客观而平和地描述事情经过，避免感情用事。

聊天哲语

职场上下属与上司适当地聊些天，是打破彼此之间的隔膜，拉近彼此之间的距离，也是敞开思想、打开心扉的好方法。

7. 如何与客户聊天

营销人员向顾客推销产品时，需要适当的开场白。开场白的好坏，几乎可以决定这一次访问的成败，换言之，好的开场，就是推销员成功的一半。以下几条可供参考：

（1）用省钱来敲门

几乎所有的人都对钱感兴趣，省钱和赚钱的方法很容易引起客户的兴趣。“王经理，我是来告诉你贵公司节省一半电费的方法。”“李厂长，我们的机器比你目前的机器速度快、耗电少、更精确，能降低你的生产成本。”“陈总，你愿意每年在毛巾生产上节约 5 万元吗？”

（2）发自内心真诚的赞美

每个人都喜欢听到好听话，客户也不例外。因此，赞美就成为接近顾客的好方法。赞美准顾客必须要找出别人可能忽略的特点，而让准顾客知道你的话是真诚的。“王总，您这房子的大厅设计得真别致。”这句话就是赞美了。下面是一个赞美客户的开场白：“李经理，我听××公司的张总说，跟您做生意最痛快不过了。他夸赞您是一位热心爽快的人。”

（3）利用好奇心

现代心理学表明，好奇是人类行为的基本动机之一。美国杰克逊州立大学刘安彦教授说：“探索与好奇，似乎是一般人的天性，对于神秘奥妙的事物，往往是大家所熟悉关心的注目对象。”那些顾客不熟悉、不了解、不知道或与众不同的东西，往往会引起人们的注意，推销员可以利用人人皆有的好奇心来引起顾客的注意。一位推销员对顾客说：“老陈，你知道世界上最懒的东西是什么吗?”顾客感到迷惑，但也很好奇。这位推销员继续说，“就是你藏起来不用的钱。它们本来可以购买我们的空调，让你度过一个凉爽的夏天。”某地毯推销员对顾客说：“每天只花一毛六分钱就可以使您的卧室铺上地毯。”顾客对此感到惊奇，推销员接着讲道：“您卧室 12 平方米，我厂地毯价格每平方米为 24.8 元，这样需 297.6 元。我厂地毯可铺用 5 年，每年 365 天，这样平均每天的花费只有一角六分钱。”推销员制造神秘气氛，引起对方的好奇，然后，在解答疑问时，很技巧地把产品介绍给顾客。

(4) 借第三人来引起注意

告诉顾客，是第三者（顾客的亲友）要你来找他的，这是一种迂回战术，因为每个人都有“不看僧面看佛面”的心理，所以，大多数人对亲友介绍来的推销员都很客气。“马先生，您的好友×××先生要我来找您，他认为您可能对我们的印刷机械感兴趣，因为，这些产品为他的公司带来很多好处与方便。”

(5) 举著名的公司或人为例

人们的购买行为常常受到其他人的影响，推销员若能把握顾客这层心理，好好地利用，一定会收到很好的效果。“李厂长，××公司的张总采纳了我们的建议后，公司的营业状况大有起色。”举著名的公司或人为例，可以壮自己的声势，特别是，如果你举的例子，正好是顾客所景仰或性质相同的企业时，效果就更会显著。

(6) 不断地提出问题

推销员直接向顾客提出问题，利用所提的问题来引起顾客的注意和兴趣。“王总，您认为影响贵公司产品质量的主要因素是什么?”产品质量自然是经理最关心的问题之一，推销员这么一问，无疑将引导对方逐步进入面谈。在运用这一技巧时应注意，推销员所提问题，应是对方最关心的问题，提问必须明确具体，不可言语不清楚、模棱两可，否则，很难引起顾客的注意。

（7）向客户提供有价值的信息

营销人员向客户提供一些对客户有帮助的信息，如市场行情、新技术、新产品知识等，会引起客户的注意。这就要求营销员能站到客户的立场上，为客户着想，尽量阅读报刊，掌握市场动态，充实自己的知识，把自己训练成为自己这一行业的专家。客户或许对营销员应付了事，可是对专家则是非常尊重的。如你对客户说："我在某某刊物上看到一项新的技术发明，觉得对贵厂很有用。"营销员为客户提供了信息，关心了客户的利益，也获得了客户的尊敬与好感。

（8）适时地进行产品展示

营销员利用各种戏剧性的动作来展示产品的特点，最能引起顾客的注意。一位消防用品营销员见到顾客后，并不急于开口说话，而是从提包里拿出一件防火衣，将其装入一个大纸袋，旋即用火点燃纸袋，等纸袋烧完后，里面的衣服仍完好无损。这一戏剧性的表演，使客户产生了极大的兴趣。卖高级领带的售货员，光说："这是××牌高级领带"，这没什么效果，但是，如果把领带揉成一团，再轻易地拉平，说："这是××牌高级领带"，就能给人留下深刻的印象。

（9）利用产品引发兴趣

营销员利用产品来引起客户的注意和兴趣。这种方法的最大特点就是让产品作自我介绍。用产品的推力来吸引顾客。一乡镇企业厂长把该厂生产的设计新颖、做工考究的皮鞋放到王经理办公桌上时，经理不禁眼睛一亮，问："哪产的？多少钱一双？"广州表壳厂的营销员到上海手表三厂去推销，他们准备了一个产品箱，里面放上制作精美、琳琅满目的新产品，进门后不说太多的话，把箱子打开，一下子就吸引住了客户。

(10) 虚心向客户请教

营销员利用向客户请教问题的方法来引起客户注意。有些人好为人师，总喜欢指导、教育别人，或显示自己。营销员有意找一些不懂的问题，或懂装不懂地向客户请教。一般客户是不会拒绝虚心讨教的人。“程总，在计算机方面您可是专家。这是我公司研制的新型电脑，请您指导，在设计方面还存在什么问题?”受到这番抬举，对方就会接过电脑资料信手翻翻，一旦被电脑先进的技术性能所吸引，推销便大功告成。

(11) 赠送小礼品

每个人都有贪小便宜的心理，赠品就是利用人类的这种心理进行营销。很少人会拒绝免费的东西，用赠品作敲门砖，既新鲜，又实用。当代世界最富权威的推销专家戈德曼博士强调，在面对面的推销中，说好第一句话是十分重要的。客户听第一句话要比听以后的话认真得多。听完第一句话，许多客户就自觉不自觉地决定是尽快打发营销员走还是继续谈下去。因此，营销员要尽快抓住客户的注意力，才能保证营销回访的顺利进行。

聊天哲语

推销的功夫不在销，关键在“聊”。

8. 如何与恋人聊天

在恋爱中，有的人虽然谈的也挺多，聊的也不少，但却不能将恋爱之舟驶向婚姻的幸福彼岸，其重要的原因就是不懂“聊”的艺术。

(1) 要把固执变成交流

在现实生活中，有些人说话很偏激而导致恋爱不能成功。小杰今年已经 25 岁了，周围的同学、好友大部分都成家了，只有他还是一个“孤家寡人”。他不是不想结婚成家，他的各方面都很好，之所以谈恋爱不会成功，最主要的原因是他谈恋爱时说话太直，太偏极，从来不考虑对方感受。有一次，他和女朋友聊天，他说：“现在书摊上有些关于隐私的书挺没劲的。”女友说：“我倒不这么看。其实……”还没等话说完，小杰就激动地说：“我坚持我的看法，这些书不好就是不好。”女友不吱声了，尴尬极了。但两天后，他给女友打电话，女友都不接了。

有句话说得好：“仁者见仁，智者见智。”在谈恋爱时，双方都会遇到对某些问题存在不同看法的时候，这也是一种正常的情况。作为恋爱的一方，应抱着“我不同意你的观点，但我尊重你的发言权”的心态，平等与对方交流，共同探讨，而不能太偏激，固执己见，把自己的观点强加于人。不如换一种说话方式，如果小杰能改变固执式为交流式，在听到对方的不同观点时，说一句“是吗？不妨说说看。”对方定会为自己受到尊重而欣喜，又怎么会出现分手的结局呢？

（2）要把指责变成理解

谈恋爱时，要多一分理解，才能把握好爱情。一次李丽的一些朋友邀请她周末出去玩，还特别嘱咐她带上她的男朋友阿强，李丽兴致勃勃地打电话告诉阿强，但是阿强说：“丽，我不能去，周末我要陪领导出差，下次吧！”李丽听后顿生不悦，对着电话筒大声说：“你好牛啊，请都请不动，也太不给我面子了！”阿强听了这话，默默地放下电话，好长一段时间都没有主动找过李丽。

在恋爱中，由于主观或客观原因，不可能自己的每个要求每次都得到满足。当对方不能满足自己的要求时，一定要保持冷静，多一些理解，少些抱怨和指责。案例中的阿强对李丽的邀请，阿强不是不想去，而是公务在身不能去。如果李丽能考虑到这一点，把指责变成一种理解，说出“我很遗憾你不能去，我原本想我们一定会玩得很开心，不过你工作重要，下次有时间再玩”等一类的话，双方的关系非但不会受到影响，反而会使爱情更上一层楼。

（3）要把怀疑变为关心

真正的爱情是需要双方的信任，总持着怀疑的态度的爱情是不会成功的，刘丰与小枚经过一段时间的了解，双方都对对方感到满意。一天晚上，刘丰到小枚的住处去找她，发现她不在，就给小枚的几个朋友打电话，结果都不知道小枚在哪儿。刘丰索性站在那儿等，一直等到十点，小枚才回来。见到小枚，刘丰劈头就问：“你到哪去了，这么晚才回来？枚，你知道我很爱你，你可不能对不起我呀！”小枚听了这话很生气，恼火地说：“我怎么对不起你了？我去单位加班了，你如果不信任我，那咱俩就别谈了！”就这样两人不欢而散了。

真正的爱情建立在理解和信任的基础上。上例中，不能说刘丰不爱小枚，但由于他不会表达自己的爱意，说出了一番“疑心”话。如果他能在小枚回来后，说出一番“枚，你这么晚回来，现在社会治安不好，我都担心死了，以后如果没有要紧事，晚上最好回来早点，好吗？”等关爱双方的话，对方听后，感动还来不及，又怎会反感呢？

（4）变报忧为逗乐

在谈恋爱时，说话要幽默些才能增加自己的魅力。前不久，林海的女友孟惠向他提出分手，由于林海的再三追问，她终于告诉他分手的原因，她说：“跟你在一起，我感到压抑，生活也显得无精打采的。”原来，林海性格内向，对一些问题的看法也偏激一些，所以当他和女友在一起的时候，常常聊些女友不感兴趣或不喜欢的话题。比如：单位领导如何官僚了，自己空有满腹才华而怀才不遇、哪里又发生抢劫杀人案了等消极方面的话，往往说着说着就唉声叹气，女友受他情绪的感染，也常常变得心情沉重，生活变得很低沉。时间一长，就觉得谈恋爱好像变成了诉苦会，和他在一起感觉不到快乐，最后只有和他分手了。

在生活和工作中，每个人都会遇到一些不如意的事这很正常。有了烦恼并不可怕，关键是要主动去调适心理，特别是与心爱的人在一起时，要始终保持一个好心情，让对方体验到和你在一起的快乐、恋爱的美好。上例中，如果林海在与女友交谈聊天时，能够把忧愁变成逗乐，多给对方聊聊生活中的一些趣事，时不时讲些笑话和幽默，不仅会让女友轻松、愉快，而且还会让对方感受到他积极的人生态度，从而增强与他相处的快乐和共同面对人生风雨的信心，爱情自然也就会稳定了。

聊天哲语

谈恋爱谈的成功与否，谈的好不好，关键是会不会“聊”。

第7章 聊天也要讲规则

在生活中，与人聊天是避免不了的，想知道聊什么、怎么聊，什么话能聊、什么话不能聊，都是需要用心琢磨，讲些技巧的。

1. 聊天时也要讲方式

聊天，也称作闲谈。是人们在业余生活中经常运用的休息方式。工作之余，在绿荫下、庭院前、小河边，与亲人、朋友、同事、邻居们聊聊天，调节一下紧张的情绪，也是一种难得的精神享受。

但是，聊天要聊出名堂，确有收获，还得费点心思。

(1) 闲聊也要有目的

一般来说，聊天没有什么明确的目的。但从微观角度来讲，闲聊未必就是“闲”聊，而是有目的的信息和情感交流。带有一定的目的，你就能及时而又恰到好处地发问，随时调整聊天的内容。

(2) 要注意选择合适的“聊友”

聊天要做到格调高雅，聊得有水平，善于选择聊友是重要的一环。一般来说，聊友的素质决定了聊天的质量。德国伟大作家歌德，几十年如一日，与其秘书爱克曼每天都要聊会儿，那些天才的机智许多是从闲聊话语中诞生的。他嘲弄世俗，讥讽丑恶，以喷珠吐玉般的格言缀串成令后人惊叹不已的《歌德谈话录》。

(3) 选择聊友的圈子不能太小

当然，现实生活中，不可能每次聊天都有“聊友”在场，所以，选择聊友的圈子不能太小。和水平相当的人，甚至低于己者聊天也不无长进。大可不必囿于己见，拘于一格，而以广开“耳路”，泛论群言为好。

(4) 选择合适的聊天话题

通常情况下，与学者聊天，可以讲些轻松、幽默的奇闻轶事；与主妇们聊天，可以讲讲市场的行情与子女的教育问题；与老人聊天，可以谈谈养生之道、保健方法，甚至愉快的往事；与青年聊天，可以探讨事业、友谊及一切时髦话题；与孩子聊天，可以讲讲童话、寓言等；与一般人聊天，可以拉拉家常。

（5）注意聊天内容与环境

一般说，聊天的范围不受限制，这当然不包括庸俗低级、格调低下、无意义、无价值的话题。搬弄是非，贬低他人，也是不足取的。对方的缺点和不喜欢的人或事不应作为聊天的话题。而且，一般来说，聊天不受时间地点限制，但在公众场合聊天，或喜庆时节大谈悲伤之事也是不受欢迎的。

（6）不能提出一些挑战性的问题

需要注意的是，聊天时，不要提出一些挑战性的问题，免得引起激烈争论，弄得不欢而散。

（7）不要自以为是

不要自以为是，用教训人的口气说话，如果几个人一起聊天，还要注意让大家都有发言机会。

只有掌握了聊天的规则，才能“聊”出信息、聊出友情、聊出快乐的生活。

聊天哲语

“沉默是金”在社交场合根本行不通，而且是非常不礼貌的。反之，善于打破沉默、谈笑风生、能带动会场气氛的人，走到哪里都会受到大家的欢迎。

2. 祸从口出，聊天也要忌口

古训道："是非只因多开口，烦恼皆由强出头。"所以话到嘴边要三思，什么话可以说，什么话不能聊，一旦说错了话，只能是引火烧身，所以说话聊天之前一定要动动脑子。

有些人心里藏不住话，聊天时，听到什么，看到什么，就爱四处传播，这是一个很没"心计"的人。中国有句俗话："病从口入，祸从口出"，可见许多是非往往是我们多嘴多舌造成的。

王丽在上中学的时候和一个高年级的男孩偷偷好上了，在一次约会中忍不住偷尝了禁果，青春懵懂的她没想到给自己惹了大麻烦。最后她不得不去做了人流，手术之后的王丽变得郁郁寡欢，她也不得不离开了原来的学校继续读完高中，结果考上了一所还算不错的大学。绚丽多姿的大学生活让她逐渐从阴影中走出来，很快她有了新的感情生活，男朋友是学生会的骨干，优秀潇洒的他是很多女生心目中的白马王子，他唯独对王丽情有独钟，这样让王丽欣喜不已。在一次聚会中大家都喝了很多酒。王丽也借着酒劲向自己的同学李艳说出了自己的秘密。

没想到第二天就收到了男朋友的手机短信，他表示无法接受王丽的过去要结束这段感情。

原来同学李艳把秘密透露给王丽的男友，当他听到王丽这个天大的秘密后，便不假思索地向王丽发出了断绝恋爱关系的信息，王丽失恋了。

言多必失，祸从口出。在生活中，与人交流是避免不了的，要知道说什么、怎么说，什么话能说、什么话不能说，都是需要动脑子的。说话最忌讳的就是不假思索、口无遮拦的坏习惯。

下面的故事就充分说明了这一点：

办公室文员小宁就是一个说话没“心眼”的人，他性格非常内向，平时不太爱说话。当有人就某件事情征求她的意见时，她往往突然间说出来的话会很“刺”人，而且她的话总是在揭别人的“短儿”。

一次，一位女同事穿了件新衣服，其他人都称赞“漂亮”、“合适”之类的话，问及小宁，她不假思索地说：“一般！我觉得这种颜色你穿有点艳，还有，你太胖了，看起来有点儿紧。”

当事人很生气，而且其他大赞衣服“怎样怎样好”的人也很尴尬。这完全是由于小宁不懂得玩技巧，说的话“太真实”。虽然有时小宁会为自己说出的话后悔，可在发表意见时，她仍然管不住自己，总是把别人最不爱听的话突然间说出来，让人不好接受。时间一久，同事们便把她排除在集体之外，都不愿意和她聊天，结果公司里几乎无人主动搭理她。

在我们的日常生活中，舌头惹出的风波太多了。不负责任的背后瞎说，毫无根据的怀疑猜测，不经调查的轻信乱传，东拉西扯的闲言碎语，都会给许多人造成痛苦和烦恼，给人世间增添许多是非和不幸。当然给别人带来不幸的同时，往往最终自己也受到恶报。

其实言为心声，语言受思想支配，反映一个人的品德。不负责任胡说八道，造谣中伤，搬弄是非，等等，都是不道德的。能管住自己的舌头就是做人最大的成功之一。

有些人喜欢在同事间说三道四，这样做既影响团结，同时又降低自己的威信。说人坏话是人际应酬的一大忌。

在我们的生活环境当中，常有一些人聚在一起喜欢聊的就是那些不在场人的是非。一提到这些议人长短、论人隐私的话题，大家就显得兴致勃勃，现场的气氛也随之热烈起来。但是，这种无聊的话题却一点也不值得声张。不论你说的话题有没有恶意，到最后都会变成让人不舒服的坏话。

而且，这种搬弄是非、道人长短的话很容易传到对方耳中。即使听到这些话的人并非故意地去传播，但还是会直接或间接地传入当事人耳中，而且往往已被添油加醋，不堪入耳，这正是所谓的“好事不出门，坏事传千里”。

运气不好的时候，你说的话正好被当事人当场听到，或是被与当事人关系密切的人听到。而且，被听到的内容并非一清二楚，而是断断续续的话，这中间没听到的部分可就任凭别人想象了。在这种情况之下，一根鹅毛被听成一只鹅也不稀奇。

总括起来，说坏话的危害主要有三点：

一是说人的坏话，很快就会传出去。因为人们都愿意用传话的方式表示跟他人亲近。另外，容易引起你不满的那些事情，也可能早就引起他人的不满，只不过人家聪明一些，不讲而已。他们一旦发现你在说这样的话，求之不得，他们找到了代言人、炮筒子，立即以你的名义，说这种意见是你说的，快速向外传播。这样，很容易使你与他人之间产生矛盾，你多了敌对面，多了前进的阻力。那些被你中伤的人，一有机会就会给你使绊子。

二是对心中不平的事，总挂在心上、嘴上，容易使自己更加不平，远不如干脆忘掉。总感到不平的人容易生病，对自己的身心健康不利。

三是有这种毛病的人，极易损毁自己的形象，使人不敢接近你，不得不提防你。

背地里说别人坏话，是智力愚钝的表现。要看清说他人坏话的危害，杜绝这种坏毛病，才不会惹是非。

聊天哲语

聊天的目的，就是要让话题一直继续下去，使得宾主尽欢。

3. 尊重隐私，不该问就不要问

我们在聊天的时候，切忌谈论别人的隐私。一是不可在谈话中拐弯抹角地窥探别人的隐私，二是不可知道了别人的一点点隐私就到处宣扬。宇宙之大，谈资无所不有，何必非要把他人的隐私当作谈资呢？

对待别人的隐私，要切忌人云亦云，以讹传讹。首先你要明白，你所知道的关于别人的事情不一定确凿无误，也许还有许多隐情你不了解。要是你不假思索就把你所听到的片面之言宣扬出去，难免颠倒是非。话说出口就收不回来，事后你完全明白了真相时才后悔不迭，但此时你说出的话已经给周围的人造成了不良的影响。

事实上，人与人之间的关系相当复杂，你如果不知内幕，就不可信口雌黄，以免招惹是非。

有这样一个故事：

在某公司，部门里一个叫洁的女同事辞职，便新招了一个叫王林的女孩来顶替她。洁的电脑自然也归王林使用。上班没多久，王林便在一天午饭时眉飞色舞地说："前面那个人蛮有趣的嘛，在电脑里留了很多小说，好感人哦！不晓得她哪里下载的……你们要看吗？"午休时间几个同事的邮箱里都躺了一篇"日记体小说"，开篇第一句就是："爱上我的上司王杰，已经两年。"——不幸的是，女主角名叫洁，而这家公司的部门经理也叫王杰。更不幸的是，这绝不是小说，王林看不出，同事却一眼就发觉了。

大家看完了面面相觑，把王林吓坏了。有人拍拍她的肩，"删掉这篇文章吧，以后不要提……"叫她不提，可私下里，我们怎么忍得住："洁怎么那么粗心，走的时候都不'格式化'硬盘？""她暗恋了那么久，王杰说不定是知道的，但是不理她，她这明摆着是让这些东西漏出来让王杰难堪嘛！”“也不一定，说不定她在等着有一天可以传到王杰耳朵里，反正他太太也不在上海……”不知道这篇在公司里传来传去的“暗恋日记”最终有没有传到王杰那里，总之王林在王杰手下干得很不开心，半年不到就辞职了。

现实生活中有一种人，专好推波助澜，把别人的隐私编得有声有色，夸大其词地逢人就聊，人世间不知有多少悲剧由此而生。你虽不是这种人，但偶然谈论别人的隐私，也许你无意中就为别人种下祸患的幼苗，其不良后果并非你所能预料的。

人们说女人最爱聊别人隐私，其实男人当中也不乏这种人。如果你茶余饭后要找谈话的资料，那天上的星星、地上的花草，无一不是谈话的好题目，不是一定要说东家长、道西家短才能消遣时间的。

聊天哲语

聊天不是谈判，别太较真儿。

4. 办公室聊天也要注意细节

同在一个单位，搞好同事间的关系是非常重要的。关系融洽，心情就舒畅，这不仅有利于工作，也有利于自己的身心健康。倘若关系不和，甚至有点紧张，那就没滋没味了。导致同事关系不够融洽的原因，除了重大问题上的矛盾和直接的利害冲突外，平时不注意自己的言行细节也是一个原因。因此，在办公室说话聊天也要注意细节：

(1) 办公室不是互诉心事的场所

有许多爱说、性子直的人，在聊天中，喜欢向同事倾吐苦水。虽然这样的交谈富有人情味，能使同事之间变得友善，但是研究调查指出，只有不到1%的人能够严守秘密。所以，当你的个人危机和失恋、婚外情等发生时，你最好不要到处诉苦，不要把同事的“友善”和“友谊”混为一谈，以免成为办公室的注目焦点，也容易给老板留下不好的印象。

(2) 办公室里最好不要辩论

在聊天中，有些人喜欢争论，一定要胜过别人才肯罢休。假如你实在爱好并擅长辩论，那么建议你最好把此项才华留在办公室外去发挥，否则，使你在口头上胜过对方，但其实是你损害了他的尊严，对方可能从此记恨在心，说不定有一天他就会用某种方式还以颜色。

(3) 不要成为“耳语”的散播者

耳语，就是在别人背后说的话。只要有人多的地方，就会有闲言碎语。有时，你可能不小心成为“放话”的人；有时，你也可以是别人“攻击”的对象。这些耳语，比如领导喜欢谁？谁最吃得开？谁又有绯闻等，就像噪音一样，影响工作情绪。聪明的你，要懂得，该聊的就勇敢地说，不该聊就绝对不要乱说。

(4) 常和一人“咬耳朵”

如果办公室有好几个人，你对每一个人要尽量保持平衡，尽量始终处于不即不离的状态，也就是说，不要对其中某一个人特别亲近或特别疏远。在平时，不要老是和同一个人聊悄悄话，进进出出也不要总是和一个人聊。否则，你们两个也许亲近了，但疏远了其他同事。有些人还以为你们在搞小团体。如果你经常在和同一个人“咬耳朵”，别人进来又不说了，那么别人不免会产生你们在聊人家坏话的想法。

(5) 热衷于探听家事

能说的人家自己会说，不能说的就别去挖它。每个人都有自己的秘密。有时，人家不留意把心中的秘密说漏了嘴，对此，你不要去探听，不要想问个究竟。有些人热衷于探听，事事都想了解清楚，这种人是要被别人看轻的。你喜欢探听，即使什么目的也没有，人家也会忌你三分。从某种意义上说，爱探听人家私事，是一种不道德的行为。

(6) 喜欢嘴巴上占便宜

在同事相处中，有些人总想在嘴巴上占便宜。有些人喜欢说别人的笑话，讨人家的便宜，虽是玩笑，也绝不肯以自己吃亏而告终；有些人喜欢争辩，有理要争理，没理也要争三分，非要让对方败下阵来不可；有些人对本来就争不清的问题，也想要争个水落石出；有些人常常主动出击，人家不说他，他总是先说人家。这样喜欢嘴巴上占便宜的往往招致同事们的厌恶。

(7) 当众炫耀只会招来嫉恨

有些人喜欢与人共享快乐，但涉及到你工作上的信息，譬如，即将争取到一位重要的客户，老板暗地里给你发了奖金等，最好不要拿出来向别人炫耀。只怕你在得意忘形中，忘了有某些人眼睛已经发红。

(8) 好事不通报

单位里发物品、领奖金等，你先知道了，或者已经领了，一声不响地坐在那里，像没事似的，从不向大家通报一下，有些东西可以代领的，也从不帮人领一下。这样几次下来，别人自然会有想法，觉得你太不合群，缺乏团结意识和协作精神。以后他们有事先知道了，或有东西先领了，也就有可能不告诉你。如此下去，彼此的关系就不会和谐了。

(9) 明知而佯装不知

同事出差去了，或者临时出去一会儿，这时正好有人来找他，或者正好来电话找他，如果同事走时没告诉你，但你知道，你不妨告诉他们；如果你确实不知，那不妨问问别人，然后再告诉对方，以显示自己的热情。明明知道，却说不知道，一旦被人知晓，那彼此的关系就势必会受到影响。外人找同事，不管情况怎样，你都要真诚和热情，这样，即使没有起实际作用，外人也会觉得你们的关系很好。

(10) 可以说的私事故意隐藏

有些私事不能说，但有些私事说说也没有什么坏处。比如你的男朋友或女朋友的工作单位、学历、年龄及性格脾气等；如果你结了婚，有了孩子，就有关于爱人和孩子方面的话题，在工作之余，都可以顺便聊聊，这样可以增进了解，加深感情。倘若这些内容都保密，从来不肯与别人说，这怎么能算是同事呢？无话不聊，通常表明感情之深；有话不说，自然表明人际距离的疏远。你主动跟别人聊些私事，别人也会对你一说，有时还可以互相帮帮忙。你什么也不说，什么也不让人知道，人家怎么信任你？信任是建立在相互了解的基础之上的。

聊天哲语

聊天是生活中不可缺少的一种生存技能。

5. 聊天应谨慎，只说该说的话

言多必失，所以话到嘴边要三思，只说该说的话。

孔子观于后稷之庙，有三座金铸的人像，多次闭口不说话，就在它的背上铭刻了几句名言："古之慎言人也，戒之哉！无多言，无多事。多言多败，多事多害。"

孔子铭刻"无多言，无多事"，就是劝诫人们：为人宁可保持沉默寡言的态度，不骄不躁，宁可显得笨拙一些，也绝对不可以自作聪明，喜形于色，溢于言表。

"言多语失。"说话应谨慎，舍弃那些不可说的话，而只说应说的话。

吕莲和尚在给其信徒的一封信中写道："祸从口出而使人身败名裂，福从心出而使人生色增光。"这句话的意思是：有时说话的人并无恶意，但对听者而言，却可能伤及他的自尊心。所以劝诫人们，说话应谨慎，只说该说的话。

说话得体，则让人高兴；反之，只会让人伤心。就是同一个意思的话，出自两个人之口，听起来也有区别。你自己信口开河，根本意识不到会伤害人，但别人却认为你是有意的，如俗话所说"口乃心之门"，你明显是故意伤害他。

子曰："君子欲讷于言而敏于行。"有道德学问之人，说话谨慎，工作勤勉，这句话强调了实际行动的重要，为人处世应少说话多做事。

另外，人处在不同的状态下，聊天的心情不同，话的内容也会不同。心情愉快的时候，看事看人也许比较符合自己的心思，故而赞誉之言可能会多；有时心情不愉快，讲起话来不免会愤世嫉俗，讲出许多过头的话，招来很多麻烦。

言谈的灾祸，主要表现在以下几个方面：一是对国事、政事的滥发议论，所以在以前的茶馆及旅店门上挂有"莫谈国事"的牌匾；二是对身边的人和事评头论足，正是这种不考虑后果的高谈阔论，惹怒了上司和同事，从而埋下了灾祸的导火线；三是在众人之中鼓唇弄舌，搬弄是非，像长舌妇一样，今天道东家长，明天说西家短，这种缺少修养的言谈，没有不遭到报复的。说话能体现着一个人的修养、一种水平，既不能喋喋不休，口若悬河，又不能该说话时却沉默寡言。可见，言谈能反映出一个人为人处世的涵养功夫，要把握好分寸和态势。

言多者必有所误，所误必有所失。为人处世，不可言多，言多为祸。

小王在一家广告公司当业务员，他因工作认真、勤于思考、业绩良好被公司确定为中层后备干部候选人。只因他无意间透露了一个属于自己的秘密而被竞争对手击败，终于没被重用。

小王和同事李华交往频繁，关系甚好，常在一起喝酒聊天。一个周末，他约了李华在饭店里共饮。两人酒越喝越多，聊的话越来越多。已微醉的小王向李华聊了一件他对任何人也没有说过的事。

“我高中毕业后没考上大学，有一段时间没事干，心情特别不好。有一次和几个哥们儿喝了些酒，回家时看见路边停着一辆摩托车，一见四周无人，一个朋友撬开锁，由我把车给开走了。后来，那朋友盗窃时被逮住，送到了派出所，供出了我。结果我被判了刑。刑满后我四处找工作，处处没人要。没办法，经朋友介绍我才来到厦门。不管咋说，现在咱得珍惜，得给公司好好干。”

小王在公司三年后，公司根据他的表现和业绩，把他和李华确定为业务部副经理候选人。总经理找他谈话时，他表示一定加倍努力，不辜负领导的厚望。

谁知道，没过两天，公司人事部突然宣布李华为业务部副经理，小王被炒了鱿鱼。

每个人都有自己的秘密，个人的秘密大多是一些不甚体面、不甚光彩甚至是有很大污点的事情。都有一些压在心里不愿为人所知的事情。与人闲聊，即便彼此感情不错，也不要随便把你的事情、你的秘密告诉对方。一旦告诉的是一个别有用心的人，他会拿出你的秘密作为武器回击你。因此，聊天说话一定要多动动脑子，不利的话一定不要说出口。

聊天哲语

没有聊天生活就毫无意义，没有聊天工作就无法开展。

6. 这样的聊天最不受欢迎

在人际交往中，我们每个人都离不开聊天。聊天看起来好像是一件小事，但有些聊天的方式与内容会不受欢迎的。下面这几点就是：

(1) 一人独唱主角

许多朋友在与人聊天中，总将自己放在主要位置，自始至终一人独唱主角，喋喋不休、滔滔不绝地诉说着自己认为感兴趣事。有个名人说过，漫无边际的喋喋不休无疑是在打自己付费的长途电话。这样不但不能表现自己的交谈口才，反而令人生厌。要知道池蛙长鸣，不为人注意，而雄鸡则一鸣惊人。这就说明过多地“说单口相声”不能交流思想，不能增进感情。交谈时应谈论共同的话题，长话短说，让每个人都充分发表意见，留心别人的反应，这样才能融洽气氛，众情相悦。

(2) 做无谓的争辩

在交际中，聊天谈话有时免不了要争辩，但善意、友好的争辩更能促进彼此间的了解，活跃交际环境，起到调节气氛的作用。有时，一场精彩的争辩会令人荡气回肠、齐声喝彩。但是尖酸刻薄、烽烟四起的争辩会伤害人，导致心情不爽、敬而远之。尖刻容易树敌，只要我们想一想，如果你在聊天中出现四面楚歌、群起攻之的局面，自己的处境就可想而知了。

(3) 总是喜欢诉说着自己的辛酸事

在人一生当中，每个人都会遇到挫折和苦难，但每个人对待的方式不同，有的人迎难而上，有的人知难而退，有的人却将苦难带来的愁苦传染给别人，在众人面前诉说辛酸事，以获同情是不可取的。因此，在聊天中一味地诉苦会让别人觉得你没魄力、没能力，会失去别人对你的尊重。

（4）表现着无事不通

在聊天中，谈话的内容往往涉及天文、地理、历史、哲学等古今中外、日月经天、江河行地般的话题。如果你在聊天中表现“万事通”、“耍大牌”，到时定会打自己的嘴巴，砸自己的脚。因为聊天仅仅是为了增进相互了解、相互交流的一种方式，而不是表现学识渊博、见识广泛的舞台。

总之，在社交场合，注意自己的话是否会引起反感。这样，你的话语才能精彩，你才能赢得更多的朋友。

聊天哲语

擅长聊天的人往往能左右逢源，一句话就可以开启一个话题；擅长聊天的人能够处事不惊，一句话就能化险为夷；擅长聊天的人总是遇到“贵人”，一句话就能创造一个机遇。而不擅长聊天的人，往往一句话说出口，众人就顿时没了兴致和胃口，让整个交谈不了了之。

7. 聊天，切忌不要炫耀自己

有些人在聊天交谈时总喜欢夸耀自己，往往认为自己高人一筹。每遇亲朋好友聚在一起的时候，就迫不及待地大肆吹嘘自己。要知道每个人都有自尊心，每逢开口说话，不管是什么内容，都要注意别让人产生被比下去的感觉，这样才能不伤人自尊心。

一次，有一位先生约了几个朋友来他家里做客，这些朋友彼此都是熟识的。他们聚拢来主要是想借着热闹的气氛，让一位目前正陷低潮的朋友心情好一些。

这位朋友不久前因经营不善，关闭了公司，妻子也因为不堪生活的压力，正与他谈离婚的事，内外交困，他实在很痛苦。来吃饭的朋友都知道这位朋友目前的遭遇，大家都避免去聊及与事业有关的事，可是其中一位朋友因为目前赚了很多钱，酒一下肚，忍不住就开始谈他的赚钱本领和花钱功夫，那种得意的神情，在场的人看了都有些不舒服。那位失意的朋友低头不语，脸色非常难看，后来他早早便离开了。

人人都会经历人生的低谷，人人都会遇上不如意的时候，这时，在失意的人面前炫耀自己的得意之处，无异于把针插在别人心上。这样既伤害了别人，也得罪了朋友。

因此，与人闲聊，切记——不要在失意者面前谈论你的得意。要知道，谈论你的得意时要看场合和对象，你可以在演说的公开场合谈，对你的员工谈，享受他们投给你的钦慕眼光，更可以对路边的陌生人谈，让人把你当成榜样，就是不要对失意的人谈，因为失意的人心灵最脆弱，也最多心，你的谈论在他听来都充满了讽刺与嘲弄的味道，让失意的人感受到你“看不起”他，对他来说是一种伤害，这种滋味也只有尝过的人才知道。

一般来说，失意的人较少攻击性，郁郁寡欢是最普遍的心态，但别以为他们总是如此。听你谈论了你的得意后，他们普遍会有一种心理——怀恨。这是一种钻到他心底深处的对你的不满，你说得口沫横飞，却不知不觉已在失意者心中埋下一颗炸弹，随时可以爆炸。

失意者对你的怀恨不会立刻显现出来，因为他无力显现，但他会透过各种方式来泄恨，例如说你坏话、扯你后腿、故意与你为敌，主要目的则是——看你得意到几时，疏远你，避免和你碰面，以免再听到你的得意事，于是你不知不觉就失去了朋友。

当你有了得意事，发了财或是一切顺利，切忌在正失意的人面前谈论。

就算在交际应酬场合没有真失意过的人，但总也有景况不如你的人，你的得意还是有可能让他们起反感，人总是有嫉妒心的，这一点你必须承认。

所以，得意之时就少聊得意之事，态度要更加谦逊，更加低调，就能迎合他人自尊心，你定会受欢迎。

聊天哲语

擅长聊天的人往往朋友众多，跟任何人都能聊得来，而不擅长聊天的人，总是形单影只，要么被冷落，要么被孤立，到哪都没什么存在感。

赞美，能轻易地拉近彼此的关系。想要在聊天中获得别人对你的好感，就别忘了赞美！

1. 赞美，能产生出一种亲切感

有一个周游世界的妇女，她走到哪个国家，都会立刻结识一大群的朋友。一个青年问她其中的秘密，她说："我每到一个国家，就立刻着手学习这个国家的语言，并且只学一句，那就是'美极了'或者'漂亮'这句话，就因为我会用各种不同的语言表达这个意思，因此我的朋友遍天下。"

是的，"美极了"的确是一个绝妙的词，我们可以对一个母亲抱着的孩子用上这个词，可以对一个男子的女友用上，可以对一间屋子的主人用上，也可以用在一餐饭上，甚至一只猫、一只狗的身上，只要一个人的听觉没有失灵，当他听到这个词时，心情一定会快乐许多。

要知道，任何人都喜欢听到别人的赞美，赞美使听者感到温暖和被关注的喜悦感，无形中会对说话人产生一种依赖和亲切感。

美国的戴尔·卡耐基曾写过一本书叫《人性的弱点》，书中写道：

一次我到纽约的一家邮局寄信，发现那位管挂号信的职员对自己的工作很不耐烦。于是我暗暗地对自己说："卡耐基，你要使这位仁兄高兴起来，要他马上喜欢你。"同时，我又提醒自己：要他马上喜欢我，必须说些关于他的好听话。而他，有什么值得我欣赏的呢？非常幸运，我很快就找到了。

等到他给我寄信件时，我看着他，很诚恳地对他说："你的头发太漂亮了。"

他抬起头来，有点惊讶，脸上露出无法掩饰的微笑。他谦虚地说："哪里，不如从前了。"我对他说："这是真的，简直像是年轻人的头发一样！"他高兴极了。于是，我们愉快地谈了起来。当我离开时，他对我说的最后一句话是："许多人都问我究竟用了什么秘方，其实它是天生的。"我敢打赌，这位朋友当天走起路来一定是飘飘俗仙的。晚上他一定会跟太太详细地叙说这件事，同时还会对着镜子仔细端详一番。

我把这件事说给一位朋友，他问我："你为什么要这样做？你想从他那里得到什么呢？"

是的，我想要得到什么？

什么也不要。如果我们只图从别人那里获得什么，那我们就无法给人一些真诚的赞美，那也就无法真诚地给别人一些快乐了。

如果一定要说我得到什么的话，告诉你，我想得到的只是一件无价的东西。这就是我为他做了一件事情，而他又无法回报我；之后很久，在我心里还会有一种满足的感觉。

赞美总是给人以力量，它会带给人惊喜的效果。你希望每天都能保持愉快健康的心情吗？只要你能帮助别人得到快乐，那么快乐自然会落到你身上，所以不要舍不得说出好听的话。如果你今天感到闷闷不乐，也许正是因为你还没有说出一句赞美的话。

我自己就亲身经历过这种受到赞美的喜悦。有一次我参加公司内部的会议，恰巧那星期轮到我做工作报告。因为我当时的职位低，又只是些事务性的工作，当然是乏味无比，一直到报告结束，也没获得任何掌声或回应。

不料在下班时，我正要离开公司，有个其他部门的同事，平常我们并无往来，见面也只是打声招呼。只见他突然停下来对我说："早上你的报告真棒，简单扼要，下次轮到我做报告时，也要参照你的模式。"我原本就不指望谁会注意我这个小人物的报告，但他的那几句赞美话，让我高兴了好几天，也给了我许多的自信，日后我们两人还成了好朋友。

切记：赞美，能轻易地拉近彼此的关系，想要在聊天中获得别人对你的好感，就别忘了赞美！

聊天哲语

在聊天中点头是不可或缺的肢体语言。在大街上甚至其他地方，与他人打招呼聊天最好的组合方式是微笑、点头，并友好地说“你好”。由此可见，点头在聊天中的重要作用。

2. 聊天中，女人如何赞美女人

一位心理学专家指出：“女人间的友谊同男人们有着很大的不同。男人间的友谊是建立于观念和兴趣上；女人间的交往，则是由于她们处于共同的命运。她们最先在对方身上搜寻的，肯定是她们的共同点，因此，当一个女人赞美另一个女人的服饰时，事实上她们是找到了一项共同的爱好或兴趣，这往往使她们很自然地像一对老朋友一样谈个没完。

女人是最了解女人的，正像我们每个人最了解自己一样。身为女人，她们常常是亲自经历、体悟了几乎是所有女人的喜悦与痛苦，欢乐与忧伤，以及其他种种微妙的心理过程。而这些复杂的内心世界的种种变化，往往是为外界所难以观察和把握的，而这一切，对于女人却并不陌生，女人比男人更能真实地把握住女人，更近更深入地贴近女人的心灵。

女人不仅更了解女人，还更理解女人。这种天然的亲和感往往是男人所无法企及的。透彻于身心的理解，使得女人与女人聚拢到一起聊聊，互透心肠、释放心灵、彼此赞美、互给力量。赞美，较之于男性的赞美，女人间相互赞美的优势，不仅在于能够满足对方的某种内心渴望，而且还在于它分担了对方的某种失落或忧愁。这里是要特别强调这样一点的，即：女人的赞美为男人的赞美所无法替代。女人不仅需要男人的赞美，还需要相互间的赞美。此时的赞美，往往会使对方听来十分亲切真实，完全是发自内心的欣赏，因而也更能增进彼此的关系，缩短交际的距离。

所以，如果你是一位女性，赞美另外一位女性，除了可以像男人那样赞美她的容貌、气质、性格、才艺外，你还不妨从某些女性话题入手，如服装、打扮、烹调、家居等方面的话题，这样你的赞美一定会引起对方的兴趣，她会因遇见了你这样一位欣赏者而感到十分高兴。

有一位搞接待工作的的李大姐，在她的工作中，每天都可能会接触到许多陌生的女性，她总忘不了找一个合适的机会来赞美对方，或穿着打扮，或身材或皮肤，或交流生活方面的经验。这使她不但能够顺利地开展工作，而且在私下里交了许多的女性朋友。

身为女人最理解女人的需求，那为什么不去满足她呢？在平时的聊天当中，多些赞美话，你付出的仅仅只是几句赞美语，却能获得大量的生活知识和真挚的同性友谊。

聊天哲语

在用餐时，物理学家不一定会和同事谈论刚才所做的实验，相反地，他可能会谈一些国家大事、天气状况、电视节目，甚至女同事的裙子。

3. 如何赞美普通的家庭主妇

对于一个普通的家庭主妇来说，家庭就是她的事业，就是她人生的价值与意义之所在。她们常常将绝大部分甚至是全部的精力投入其中，她们用爱创造着一种温馨朴实的生活，她们苦在其中，乐在其中。哪怕是小小的一点赞扬，也会激起她们得到报偿的欣慰，也会使她们感到成功的喜悦。

社会的进步使得许多女人拥有了自己的社会性的事业，但她们谁都无法逃避家庭的责任。不可否认，女性在理家、生活上较之男性更有技巧和耐心。就连许多事业有成的女强人也在强调家庭生活的重要性，渴望平凡的主妇生活。作为一个女人，你是最知道一个普通的家庭主妇的甘苦的，最理解她们的需要的，那么你为什么不把自己最想听的话说出来，让你与她共同品尝女人微薄的欢乐呢？

赞美一位家庭主妇，你也可以从她丈夫的成功入手。不言而喻，每一个成功的男人背后都有一个奉献着的女人，男人事业上的成就与他妻子为他营造了一个温暖舒适、高枕无忧的家是分不开的。事实上，女人不但是在支持自己的丈夫，更是把自我融入到了男人的事业中。一个家庭主妇，她是默默无闻的，她不求得到与丈夫同样的辉煌，她只求能够得到承认——“军功章啊，有我的一半，也有你的一半。”这点儿要求是微不足道的，却常常为外人所忽视。如果你对一位普通的家庭主妇说上一句：“你这些年可真不容易呀，没有你，你家老李哪能干得那么好！”她一定会满心欢喜却又不胜感慨，视你为知心人。

如果她有一个出色的好孩子，你也不妨借题发挥，赞美她的养育之道。对许多普通的家庭主妇来说，孩子就是她未来的希望，梦想的寄托。可以说，每一位孩子的成长都离不开他那含辛茹苦的母亲的辛勤养育。孩子有出息，同样会使她们骄傲不已，甚感欣慰。如果说丈夫是她最明智的选择，那么孩子就是她最得意的作品。

我曾见过两个主妇聊天。一个人对另外一个人说：“刘姐，我可真羡慕你，有那么一个出息的儿子，考上了名牌大学，下半辈子可不用愁了！你可真是教子有方呀！”受到夸赞的那位妇女脸上露出按捺不住的高兴，嘴里却说着：“孩子也用功呀！”

另外，你还不妨去夸奖那些点滴之中都凝聚着她们心血与智慧的家庭作品吧！那些独具匠心、温馨而实用的家居布置，那些精巧的手工制品、整洁的厨房、窗帘的颜色，以及每一道味道鲜美的菜肴，都无不饱含着她们的辛劳与汗水，都无不是她们心灵手巧的反映。她们正是在这些平凡的日常琐事中，实现着她们生命的价值。家庭是她们的成果展览会，是她们的骄傲所在。

我们经常也能见到一些颇受主妇们欢迎的女性，她们没有什么技巧，却常能成功地进行赞美。她们常常把自己首先当作是一名主妇，善于发现而且特别虚心，她们与主妇们一道欣赏房间的摆设，交流穿着的搭配技巧，询问一道小菜的制作方法，对家具的一尘不染赞不绝口，总之，她们总是从生活小事着眼来赞美对方生活技能中的美好或实用之处。在赞美中，她们还学到了许多的知识和技能。

聊天哲语

生活中，很多人都会倾向于喜欢那些与自己相似的人。这里的相似不仅仅指客观上的相似性，包括教育程度、年龄、外形等，也指可以感知的相似，包括信念、价值观、个性品质等。所以，你可以在聊天前多花时间了解对方的喜好、处事方式等，并在聊天中尽力朝这个方向靠拢，也许就可以发现意想不到的效果。

4. 多聊对方，少提自己

少说我、多说你的赞美原则，主要是指要使对方始终成为你们谈话的重心，你可通过表示欣赏、求教等方式来显示你对对方的由衷赞叹。你要善于分享他的欢乐，肯定他的成功，为他所骄傲的事情喝彩。总之，你要使他得到在别处得不到或未被满足的某种心理需求，使对方感到被关怀，自我价值得到某种实现。

《红楼梦》中的王熙凤作为贾府“通天”级的人物，在处理人际关系上就有着一定的水平，值得我们细细品味。在林黛玉初入贾府时，曾有这样一段描写：

这熙凤携着黛玉的手，上下细细打量了一回，仍送至贾母身边坐下，因笑道：“天下真有这样标致的人物，我今儿才算见了！况且这通身的气派，竟不像老祖宗的外孙女儿，竟是个嫡亲的孙女，怨不得老祖宗天天口头心头一时不忘。只可怜我这妹妹这样命苦，怎么姑妈偏就去世了！”说罢便用帕拭泪。当贾母笑着让她别再提及那些伤心话题时，这熙凤听了，忙转悲为喜道：“正是呢！我一见了妹妹，一心都在她身上了，又是喜欢，又是伤心，竟忘记了老祖宗。该打，该打！”又携着黛玉之手，吁长问短，吩咐婆子们去准备房间。

这里，王熙凤做事真可谓是滴水不漏。她善于赞美，明里夸了黛玉的容貌和气质，暗里则又迎合了贾母疼爱外孙女儿的心态。不但如此，她还善于同情，为对方的命运的不幸而伤心落泪。并且，自称一心都在了黛玉身上，为她喜、因她悲，竟忘了别人的存在。最后，她还特别留意在生活上关照黛玉，处处显示对对方的关心与爱护。

我们会发现，王熙凤在谈话中是很少提及自己的，始终是把黛玉放在了谈话的核心，并处处留意贾母的情绪和反应，她的赞美的功效可以说是“一箭双雕”，事半功倍，处处说在了贾母和黛玉的心坎上。难怪贾母对她一向那么喜欢呢！

由此可见，女人赞美女人的妙处，在于女人情感细腻，不仅仅是关注她的外表，更关心她的生活、她的命运、她的情感。而这三者，是男人的赞美常常疏于提及或被忽视了的；男女之间由于角色的限制，他们常常也不可能涉及这些话题。而女人之间，由于同为女人，有着一致的身份，在经历、情感体验、思维方式、关注的问题等方面有着很大的相似性，这就有利于她们在情感上的沟通。这时，你只要加入一些同情与欣赏，把目光集中在对方的身上，因她而惊喜，因她而叹息，你就会因分享了她的命运而得到对方的垂青，你更会因肯定她的价值得到她的欢心，甚至交为密友。

大量的事实和案例表明，女人是特别在意对方对自己是否是全身心地投入的，这在女性间的交往中尤为明显。如果她认为对方对自己毫不在意也毫不关心，她就会认为对方是自私的，辜负了自己的期待，对你会产生抱怨。

如果你是一位女人，正期待着其他女性来关心你的生活，赞美你，分享你的骄傲，那你为什么不首先这样做呢？你只要把她置于你目光的中心，你就会最终赢得一位女人的友情。

聊天哲语

任何年纪的人都需要聊天，就像我们需要吃饭一样。

5. 夸人，是打开话匣子的钥匙

与人聊天没话说，这几乎是每个人都会遇到的情况。夸人，就是个打开话匣子的好办法。让我们看看下面一段对话就明白了。

吃饭的小李：“师傅，你擀面的技术怎么这么好，这么一大坨面团一下子就被你变成了一条一条纤细均匀的面条了，你的手真是太巧了。”

食堂擀面师傅会心一笑说：“为生活练的，没办法。”

小李：“师傅，我最喜欢到你这个窗口吃面了，我觉得你做的面特别有韧劲，吃了总让人感觉特别开心，相信只有爱笑的人才会做出让人吃了会笑的食物吧。”

食堂擀面师傅：“呵呵，你真是会说话啊，来，我给你加个蛋吧，下次要带你的朋友们一起来啊！”

赞美别人，仿佛用一支火把照亮别人的生活，也照亮自己的心田。赞美有助于发扬被赞美者的美德和推动彼此友谊健康的发展，还可以消除人与人之间的怨恨。

赞美是一件好事，但绝不是一件易事。赞美别人时如不审时度势，不掌握一定的赞美技巧，即使你是真诚的，也会变好事为坏事。所以，开口前我们一定要掌握以下技巧：

（1）因人而异

人的素质有高低之分，年龄有长幼之别，因人而异，突出个性，有特点的赞美比一般化的赞美能收到更好的效果。老年人总希望别人不忘记他“想当年”的业绩与雄风，同其交谈时，可多称赞他引为自豪的过去；对年轻人不妨语气稍为夸张地赞扬他的创造才能和开拓精神，并举出几点实例证明他的确能够前程似锦；对于经商的人，可称赞他头脑灵活，生财有道；对于有地位的干部，可称赞他为国为民，廉洁清正；对于知识分子，可称赞他知识渊博、宁静淡泊……当然这一切要依据事实，切不可虚夸。

（2）情真意切

虽然人都喜欢听赞美的话，但并非任何赞美都能使对方高兴。能引起对方好感的只能是那些基于事实、发自内心的赞美。相反，你若无根无据、虚情假意地赞美别人，他不仅会感到莫名其妙，更会觉得你油嘴滑舌、诡诈虚伪。例如，当你见到一位其貌不扬的小姐，却偏要对她说：“你真是美极了。”对方立刻就会认定你所说的是虚伪之极的违心之言。但如果你着眼于她的服饰、谈吐、举止，发现她这些方面的出众之处并真诚地赞美，她一定会高兴地接受。真诚的赞美不但会使被赞美者产生心理上的愉悦，还可以使你经常发现别人的优点，从而使自己对人生持有乐观、欣赏的态度。

（3）详实具体

在日常生活中，人们有非常显著成绩的时候并不多见。因此，交往中应从具体的事件入手，善于发现别人哪怕是最微小的长处，并不失时机地予以赞美。赞美用语愈详实具体，说明你对对方愈了解，对他的长处和成绩愈看重。让对方感到你的真挚、亲切和可信，你们之间的人际距离就会越来越近。如果你只是含糊其辞地赞美对方，说一些“你工作得非常出色”或者“你是一位卓越的领导”等空泛飘浮的话语，不能引起对方的猜度，甚至产生不必要的误解和信任危机。

（4）合乎时宜

赞美的效果在于相机行事、适可而止，真正做到“美酒饮到微醉后，好花看到半开时”。当别人计划做一件有意义的事时，开头的赞扬能激励他下决心做出成绩，中间的赞扬有益于对方再接再厉，结尾的赞扬则可以肯定成绩，指出进一步的努力方向，从而达到“赞扬一个，激励一批”的效果。

（5）雪中送炭

俗话说：“患难见真情。”最需要赞美的不是那些早已功成名就的人，而是那些因被埋没而产生自卑感或身处逆境的人。他们平时很难听一声赞美的话语，一旦被人当众真诚地赞美，便有可能振作精神，大展宏图。因此，最有实效的赞美不是“锦上添花”，而是“雪中送炭”。此外，赞美并不一定总用一些固定的词语，见人便说：“好……”有时，投以赞许的目光、做一个夸奖的手势、送一个友好的微笑也能收到意想不到的效果。当我们目睹一个经常赞扬子女的母亲是如何创造出一个完满快乐的家庭；一个经常赞扬学生的老师是如何使一个班集体团结友爱、天天向上；一个经常赞扬下属的领导者是如何把他的机构管理成和谐向上的集体时，我们也许就会由衷地接受和学会人际间充满真诚和善意的赞美！

聊天哲语

许多人在正式谈论一件事情的时候，都喜欢以轻松的话题作为开场白，然后再逐步导入正题。律师、作家、新闻记者及演员都是这方面的专家。他们都懂得如何以轻松的方式开场，然后再迅速把握住谈话的主题，达到充分沟通的目的。

6. 赞美他，他定愉快

张小姐和王小姐同在一个公司里办公，她们素来不和。有一天，张小姐忍无可忍地对另一个同事小李说："你去告诉王小姐，我真受不了她，请她改改她的坏脾气，否则没有人会愿意理会她！"

李先生回答："好！我会处理此事。"

这以后，张小姐每次遇到王小姐时，王小姐果然是既和气又有礼，与从前相较，简直判若两人。

张小姐向李先生表示谢意，并且好奇地说："你是怎么说的，竟有如此的神效？"

李先生笑着说："我跟王小姐说，'有好多人称赞你，尤其是张小姐，说你又温柔又善良，脾气好，人缘佳'如此而已。"

社会心理学家说：在人们的心灵深处，最渴望他人的赞美。赞美是一种鼓励，胜过雨后绚丽的彩虹，在人们心灵深处植入的是信心和力量，播下的是奋进向上的种子。赞美是一种兴奋剂，让人更加充满活力和精神。同时，赞美还是一种认可，一种肯定，让人们坚定发展的方向。多一种鼓励，就少一个背离者，多一句赞美，就把摇摆不定的人变成你忠实的朋友。人际交往中，如果在聊天谈话当中，善于夸奖他人的长处，那么，人际交往的愉快度将会大大增加。

1968年，美国心理学家罗森塔尔和雅各布森做过一个有趣的试验，他们对一所小学的一至六年级中各选3个班，在学生中进行了一次煞有介事的“发展测验”。并把他们认为有发展潜力的学生名单用赞赏的口吻通知学校和有关教师，并再三叮嘱对名单保密。实际上，这是心理学家进行的一次期望心理实验。他们提供的名单纯粹是随便抽取的，他们想通过“权威性的谎言”暗示教师。然而，让人出乎意料的是，8个月后，他们又来到这所学校进行复试，结果，出现了令人惊喜的奇迹：名单上的学生成绩个个有了显著的进步，而且，性格更开朗、求知欲更强、与老师感情甚笃。

为什么八个月之后竟会有如此显著的差异呢？这就是期望心理中的共鸣现象。原来，这些教师得到权威性的预测暗示后，便开始对这些学生投以赞美和信任的目光，虽然教师始终把这些名单藏在内心深处，但掩饰不住的热情仍然通过眼神、笑貌、音调滋润着这些学生的心田，老师自觉不自觉地对名单上的学生态度和蔼、亲切温和，即便是他们犯了错误也没有严厉地指责他们，而且通过赞美他们的优点来表示信任他们能改正。实际上他们扮演了皮格马利翁的角色。学生潜移默化地受到影响，因此变得更加自信，奋发向上的激流在他们的血管中荡漾，于是他们在行动上就不知不觉地更加努力学习，结果就有了飞速的进步。正是这种暗含的期待和赞美，使学生增加了进取心，使他们更加自爱、自信和自强，奋发向上，故而出现“奇迹”。这种由于教师的赞美、信任和爱产生的效应，心理专家把它命名为“皮格马利翁效应”或“期待效应”或“罗森塔尔效应”。

“皮格玛利翁效应”留给我们这样一个启示：赞美、信任和期待具有一种能量，它能改变人的行为，当一个人获得另一个人的赞美时，他便感觉获得了社会支持，从而增强了自我价值，变得自信、自尊，获得一种积极向上的动力，并尽力达到对方的期待，以避免对方失望，从而维持这种社会支持的连续性。

总之，赞美他人会使别人愉快，更会使自己身心健康。被赞美者的良性回报会使我们更加自信，也会使我们更加有魅力，形成人际关系的良性循环。

聊天哲语

事实上，由于家庭背景、文化程度、兴趣爱好以及思想观念的差异，我们所遇到的人也就形形色色、各种各样。倘若你了解对方属于哪种类型的人，对症下药，见机行事，交流起来就容易多了。

第9章 当好听众，人人愿意和你聊

作为一个有心的聊天者，如果几个人聚在一起聊天，要注意让大家都有发言的机会，千万不要一人独唱主角戏！

1. “倾听”比“说”更重要

语言是思维和思想的载体，也是人类最主要的交流交际工具。因此，语言中往往蕴涵着巨大的价值。在聊天中，人们的言谈话语，无论是有意识的交流还是无意识的流露，都自觉或者不自觉地传达着某种信息，或流露出某种情感倾向。因此，高效沟通有时候需要我们做一位诚恳的倾听者。俗话说：“善听者善交人。”如果要想做到高效沟通，就应该学会“倾听”。

假如你和一个老朋友吃午饭，他说因为和妻子大吵了一架，他整个星期都睡不好。要是你像大多数人一样，怕听别人私事，你可能说：“婚姻生活总是有苦有乐——你吃鱼还是五香牛肉?”你这样说，是间接叫他最好别向人发牢骚。假如你不想浇他一头冷水，那就不妨说：“难怪你睡不好，夫妻吵架一定令你很难受。”听完后他有了一舒心中抑郁的机会，心情便会好得多。我们当中很少人能够自我开解，总有需要把自己的烦恼告诉善于聆听的朋友。

因此，在聊天交谈中善于倾听是非常重要的，那么我们在聊天中如何做出倾听反应呢？下面这几个方面可供参考：

(1) 轻轻地点头做出反应。听话者用这种方法表示自己正在听对方的谈话，有时轻轻点几下头表示对对方所传达的信息的赞同或默许。会听话首先就是协助对方说下去。或者使用一些很短的评语或问题来表示你在用心听，即使你只是简短地说“真的”或“哦，原来这样”也行。这就向对方表示：我在认真听你讲话。

(2) 目光要注视正在说话者。不要做其他任何动作，也不要说话。这表明你正专心致志地倾听对方的谈话，并且对对方的谈话表示出浓厚的兴趣。

(3) 用尽量少的言辞表示出自己的意思。

比如,“我了解”、“嗯哼”、“是那样”、“很有趣”。使用这些词语,一般表示听话者对于说话者的话有所了解,或者表示同意对方的看法。发出声音也能表示正在倾听对方的谈话。

(4) 重复说话者刚才所说的一句话的最后几个字,表示对说话者所说的意思的肯定。

(5) 应该做出真实的反应。应该对对方做出合理真实的反应。这样做,有利使双方进行沟通。

这几种反应,就是向对方表明:我很重视你所说的话。满足了对方诉说的需要,对方也就会考虑你的要求。

会听话还要学会听出言外之意。

一位生意兴隆的房地产经理认为,他成功的原因在于不但能细心聆听顾客讲的话,而且能听出没讲出来的话。

他讲出一幢房屋的价格时,顾客说:“哪怕琼楼玉宇也没有什么了不起的。”可是说的声音有点犹豫,笑容也有点勉强,那经理便知道顾客心目中想买的房子和他所能买得起的显然有差距。

“在你决定之前,”经理练达地说,“不妨多看几幢房子。”结果皆大欢喜。那位主顾买到了他能买得起的房子,生意成交。

即使听自己最喜爱的人说话,也容易只听到表面的含意,而忽略了话中有话。“你钱用光了?这是什么意思?全家人只晓得拼命花钱!”这番气冲冲的话语,真正的含意可能是“我今天的工作已经把我折腾够了,我正想发脾气”。

要是你善解人意,便听得出这番气话隐藏着委屈和挫折。在较为心平气和时,只需稍微说一两句表示关心的话(“你看来很疲倦,今天很辛苦吧?”)就可帮助一个满腹牢骚的人,以不伤感情的方式消气。

会听话还表现在用心听，但不急于判断。

我们总是勇于订立是非的标准，判断谁是谁非。只判断而不用心听，便会切断许多心灵沟通的途径。

加州大学精神病学家谢佩利医生说，向你所关心的人表示你可能不赞成他们的行为，但欣赏他们的为人，这是非常重要的。仔细聆听能帮助你做到这一点。假如十来岁的孩子凌晨三点回家，心焦的父母不易记住聆听是多么重要，孩子刚要解释，做父母的便劈口喝道："我不要听出了什么事!"这种反应破坏了双方的沟通，更严重的是令孩子的自尊心受到打击。一定要告诉他你们如何为他操心："我们又担心又害怕。"然后让他说明一切。心理学家警告说：父母如果从不听孩子的解说，孩子长大后，往往要经过许多年治疗才能恢复自尊。

我们都渴望有人听自己说话，精神病学家的诊所挤满了需要别人聆听的人。在大多数的情形下，人与人不能沟通，是因为只有人说话而没有人听。一个挽回家庭关系成绩优良的调解人说："我令一家人言归于好，真不费什么劲。我只是让每个人有发言的机会，别的人都在听，但不准插嘴。往往这是全家人多年来初次细心聆听彼此说话。"聆听是表示关怀的一种方式，一种无私的举动，可以让我们离开孤独，进入亲密的人际关系，并建立友谊。

聊天哲语

据社会心理学家统计，人大约有 50%～80% 的时间都在与人沟通，而在沟通中，有一半时间都在倾听。由此可见，"倾听"是比"说"还重要的沟通技能。

2. 倾听是对别人的尊重

俗话说："雄辩是银，倾听是金。"如果你希望成为一个善于与人沟通的高手，那你就应当先做一个会倾听的人。要使别人对你感兴趣，那就应当先对别人感兴趣。倾听，不仅仅是对别人的尊重，也是对讲话者的一种高度的赞美，更是对讲话者最好的恭维。我们知道，在社交过程中，最善于与人沟通的高手，往往是那些善于倾听的人。试想，如果你能倾下身子，很谦虚地倾尽全部注意力去听。这样，说的人也会倾其所有，知无不言，言无不尽。沟通的目的不是"说"，而是"听清楚，说明白"，要达到双方都完全了解的目的。

每个人都希望获得别人的尊重，受到别人的重视。当我们专心致志地听对方讲，努力地听，甚至是全神贯注地听时，对方一定会有一种被尊重和被重视的感觉，双方之间的距离必然会拉近。

但在与人相处时，我们常常因为热衷于表现自己，而忽略了这个原则。很多人喜欢滔滔不绝地、一大套一大套地讲个没完，这种习惯往往会严重阻碍人际交往。切记，如果你希望成为一个善于谈话的人，那就先做一个注意倾听的人。一位心理学家曾说："以同情和理解的心情倾听别人的谈话，我认为这是维系人际关系，保持友谊的最有效的方法。"

在小说《傲慢与偏见》中，丽萃在一次茶会上专注地听着一位刚刚从非洲旅行回来的男士讲非洲的所见所闻，几乎没有说什么话，但分手时那位绅士却对别人说，丽萃是个多么擅言谈的姑娘啊！而这就是倾听所创造的奇特效果。

约翰·洛克说："打断别人的话语是最无礼的举动。"

假设一个人正讲得兴致勃勃，听众也像一群粉丝一样兴奋地聆听着，这时你突然插嘴："喂，这是最近才发生的事情吗？"说话的那个人绝对不会对你产生好感，也许在场的人都不会对你产生好感。因此，在他人说话时，不要以不相干的问题打断别人的谈话，更不要抢着替别人说完未说的话，更不要为了一些不重要的细节问题而打断他人的说话。

懂得尊重他人的人，总是把嘴巴放在心里；而愚昧之人反而把心放在嘴巴里。

有这样一个故事：

鼠国的一个大臣向猫国进贡了三个金娃娃，这三个金娃娃外表一模一样，金光闪闪、熠熠生辉，猫王看了十分高兴。可是鼠国的大臣却提出了一个问题，说："这三个金娃娃哪个最有价值？"

猫国的国王和大臣看来看去，它们的外表都是一样的，而且制作的材料都是一样的，怎么可能看出哪个最有价值呢？

这可难倒了猫国的君臣，国王想："一个泱泱大国，岂能被鼠国大臣的一个问题而难住，这不是让人笑话吗？"突然，他想起了自己从前的一位老师，这位老师非常博学，这个疑难问题，他一定能够解决。于是，它下令让老师上殿。

老师果然很博学，它拿出三根稻草，插入第一个金娃娃的耳朵里，发现左耳插右耳出，然后他又用第二根稻草插入第二个金娃娃的耳朵里，而第二根稻草却从金娃娃的嘴里出来了，于是他又拿着第三根稻草插入第三个金娃娃的耳朵里，而稻草进去后却掉进了金娃娃的肚子里，什么声响也没有。

老师随即回答说："第三个金娃娃最有价值。"

"回答正确。"鼠国大臣说。

这个故事告诉我们最能说的人不一定是最有价值的人。主动倾听对方的讲话，事实上就是用一种无声的语言表达了你对他人的尊重。在与对方谈话聊天时，主动地引导对方说话，适当地问别人喜欢回答的问题，鼓励他人谈论自己及他所取得的成就。这样，往往比你滔滔不绝地讲述一两个小时更有价值。不要忘记与你谈话的人，他对他自己的一切，比对你的问题要感兴趣得多。

许多朋友在与人聊天中，总将自己放在主要位置，自始至终一人独唱主角，喋喋不休地、滔滔不绝地诉说着自己认为感兴趣事，以至于不欢而散。常言说，懂得不多的人常是空论者，而渊博者则寡言。所以，一个成熟的人应当懂得做一个渊博者，而不是一个空论者。

聊天哲语

聊天时的点头表明你正在听，并且能够理解对方说的话，它通常表达的是赞同、鼓励的意思，并发出“我很愿意和你沟通”的信号。这些都是最基本、最常用，也是最有效的聊天技巧。

3. 听：信息来源的重要方式

听是一种交际行为，无论是有意识还是无意识的，都是对声音信息的接受和理解。“听”是一种有目的的获取口头信息的交际行为，是一个对语言感知、理解、储存的心理活动过程，是一个人获取信息、获得知识的重要手段，如听讲座、听电话、听天气预报等。“听”还是一种积极的心理语言活动过程，是一种高级神经系统的智力认识活动。从外部传来的声音信息，首先要经过听力器官的感知、获取，然后再经过加工、筛选、整理，形成记忆，最后到信息的反馈。它是多种心理活动的过程。

但是，人类最大的缺点之一就是不能耐心地听别人的发言，或精于用自己的想法来揣测别人的心理，却并没有用心去理解别人讲话的实质。

一天，一个公司的老板召集所有员工开会，会上老板说：“这一年来，在大家的共同努力下，我们的公司逐渐走上了正轨，所以，在这里，我深深地鞠一躬，向大家表示感谢。同时，有很多同事为了工作也很辛苦，有时甚至在上班的时候就睡着了，对大家的这种不辞劳苦的精神，我深表谢意……”老板刚刚说到这里，突然有一个男员工站起来说：“你要是觉得我们爱偷懒就直接说，何必拐弯抹角地抨击人呢？上班睡觉怎么了，我们也没有耽误工作，所以，你根本没有必要这样抨击人。”结果，他的这一席话使在场的员工面面相觑，老板也无法下台。

我们看，这位男员工就是一位不懂得倾听艺术的人，老板说的话虽然暗含批评的意味，但却没有直接进行批评，而是采用一种间接的方式来述说，目的是为了让员工引以为戒，其他员工也都明白老板的意思。但他却充当了炮筒，想当然地发表自己的言论，结果使老板无法下台，实属不应该。

很多人最大的弱点就是不懂得用心倾听他人的谈话，而只是想着说自己想说的话或反驳他人的语言。因此，在谈话中，他们总是想着别人说的话是否是对自己的挖苦、批评，而没有倾听语言的真正内涵。

英国前首相丘吉尔曾说过：“勇气就是要能站起来大声地讲出自己心里的话，同时也要能静下心来听别人说。”这是一句发人深省的箴言。其实懂得说话艺术的人，在与他人交谈聊天时，他们往往用更多的时间来倾听，边听、边想、边分析，以确保自己完全正确地理解对方话语的含义。他们仔细听对方说的每一句话，而不仅是他们认为重要的或想听的话，由此他们获得了大量的宝贵信息。所以，在与他人进行谈话的时候，要尽量鼓励对方多说，要向对方说“十分好”，“请继续”或提问题请对方回答，使对方多谈他们的情况，以达到尽量了解对方的目的。因此说，“听”是一种能力，甚至可以说是一种天分。“会听”是任何一个成功人士都必须具备的条件。

有句名言说：“播下一种行为，收获一种习惯；播下一种习惯，收获一种性格；播下一种性格，收获一种命运。”可见，习惯的力量是无比巨大的，如果一个人能养成善于倾听的习惯，当一个好的听众，这样，不仅使他人乐于和你交谈，而且也能使你获得一些意外的收获。从倾听他人的谈话当中，你会了解对方的思想、兴趣，尤其是在社交、商业上的聆听更为重要，因为专注地聆听很可能会使你获得一些制胜的情报，因此，当一个好的听众其实并不吃亏。

聊天哲语

善于聊天的人，他们之所以能把谈话的气氛营造得很热络，并不是靠自己比别人懂得更多，或声调比别人高，或最会讲笑话，或懂得“控制”谈话的方向。重要的是他的谈话态度一定很轻松，然后再设法找出对方喜欢的话题，尽量让对方发表看法。

4. 听是谈话的另一种方式

在交际活动中，很多人认为，所谓的“善谈者”就是会说话、会聊天，善于巧妙地驾驭言辞的人。所以，有的人一打开话匣子就关不住，滔滔不绝地讲述不完。但事实上，一个口齿伶俐、巧言令色的人不一定是一个会说话、会聊天的人。一个会说话、会聊天的人往往是能够热诚而专注地倾听他人说话，适时地回馈重要信息的人，因为人类并不是为了想说话而一直说话，而是为了别人聆听他的想法或意见才说话的。因此说，听是谈话的另一种方式。

那么我们又该如何倾听呢？

(1) 倾听要虚心

与他人谈话聊天是一个沟通信息、联络感情的过程，所以，在听人谈话时，应持有虚心倾听的态度。有些人觉得在某个问题方面自己知道得更多，就经常打断对方的讲话，断然中途接过话题，迫不及待地发表自己的意见，不顾对方的想法而自己发挥一通，这是不尊重对方的表现，而实际上你也未必在此时就真正把对方的意思听懂、听明白，甚至常常是没说上几句话，就谈崩了，这就是由于没有虚心倾听对方谈话而造成的。

在与他人谈话聊天的场所，如果你不赞成对方的某些观点，除非是对你无话不谈的知心朋友，否则一般应以委婉的语气表示疑问，请对方解释得详细一些。或者说“我对这个问题很感兴趣，我一直不是这样认为的”、“这个问题值得好好地想一想”。即使你想纠正对方的错误，也需要在不伤害对方自尊的前提下以商讨的语气说：“我记得好像不是这样的吧……”如此这般，就足以使对方懂得你的意思了。而你也不必因为与其争辩而破坏彼此之间和谐的交流氛围。

（2）倾听要耐心

就一般交谈内容而言，并非总是包含许多信息量。有时，一些普通的话题，虽然对你来说已经知道得很多了，可对方却说得不亦乐乎，这时，出于对对方的尊重，就应该保持耐心，不能表现出厌烦的举动。

有统计指出，我们说话的速度是每分钟 120～180 个字，而大脑思维的速度却是它的 4～5 倍。所以对方还没说完，我们早就理解了，或对方只说了几句话，我们就已经知道了他想表达的全部意思。这时，思想就容易开小差，同时也会表现出心不在焉的下意识动作和神情，以至于对对方所说的话听不进去，当说话者突然问你一些问题或提出见解时，你就会毫无表情地缄默，或者答非所问，从而使对方难堪或不快，觉得是在“对牛弹琴”。

越是善于耐心倾听他人说话的人，获得良好沟通的可能性就越大，因为聆听是褒奖对方谈话的一种方式。一个人如果能够耐心地倾听对方的谈话，等于告诉对方“你是一个值得我倾听的人”，这样无形之中就增强了对方的自信心，加深了彼此的感情，为彼此之间的友情创造了和谐融洽的环境和气氛。因此，听人谈话应像自己谈话那样，始终保持饱满的精神状态，专心致志地注视着对方。当然，如果你确实觉得对方聊得淡而无味、浪费时间，则可以巧妙地提出一些你感兴趣的问题，不露痕迹地转移对方的谈兴。

(3) 倾听要用心

聆听他人的说话，不只是被动地接受，还应主动地反馈，这就需要做出用心的呼应。在对方说话时，你不时地发出表示听懂或者赞同的声音，或者有意识地重复某句你认为很重要、很有意思的话。有时，你一时没有理解对方的话，或者有疑问时，不妨提出一些富有启发性和针对性的问题，对方一般是乐意以更清楚的话语来解释一番的，这样就会把本来比较含糊的思路整理得更明晰了。

同时，在谈话、聊天中，听者应轻松自如，神情专注，随着对方情绪的变化而伴之以喜怒哀乐的表情。通过一些简短的插话和提问，暗示对方你确实对他的谈话感兴趣，或启发对方引出对你有利的话题，当对方讲到要点时，要点头表示赞同。点一点头，实质上就是发出一种信号，让对方知道你在听他讲话，对方这时当然会更加认真地讲下去。不管你是否意识到，你的表情总是在做出自然的呼应，对方心理上也会觉得你听得很专心，对他的话很重视，会有“酒逢知己千杯少”之感，话题也会谈得更广、更深。

聊天哲语

你可能因为害羞，所以不知道怎么跟人交谈，也不知道如何培养聊天的技能，那么在最初始阶段，选择一个合适的聊天对象便十分重要。那些具有聊天潜力的人有以下几个特征：喜欢闲聊、善于闲聊、有时间闲聊。所以，抱着婴儿的母亲、遛狗的人、路边的大妈都是常见的具有聊天潜力的人。

5. “适时”沉默才是金

有人说“沉默是金”，的确，对于许多喋喋不休的人来说，如果能适时地保持沉默，或许更增添了几许深层的内涵。但是大家一定要明白一个事实，这里所说的“沉默”并不是说当一个人受到谩骂、屈辱、诽谤、嘲讽等状况的时候，一味地以沉默示人，以沉默来面对他人对自己不切实际的言论，这样的沉默会使自己在心理上付出沉重的代价，对自己或者他人也会产生极大的负面影响。所以，大家应该明确，这里的沉默有一个前提，那就是在适当的时候适时保持沉默，“适时”的沉默才等于金。

由于中国千百年来的封建专制制度，使得很多人在这种制度的统摄下，不敢言论，生怕因自己一句不经意的话而惹来不必要的麻烦。像清代文人徐骏，一日，正在窗前读书，一阵微风吹过，将书吹翻过几页，这位文人诗兴大发，随口吟出两句诗：“清风不识字，何必乱翻书。”谁知，被人告知官府，挑剔说，这“清风”就是指清朝，无意间招来大祸，结果以诽谤朝廷的罪名，把性命白白地送掉了。再如，秦始皇当年惨无人道的焚书坑儒，假如不是为了封住儒生们的嘴巴，又怎会有如此声势浩大的惨案发生呢……种种事情使得很多人越来越不敢言论，甚至两个相识的人当街见面也不敢说话。因此，在这种情势下，人们越来越不敢言，越来越习惯于保持沉默，久而久之，人们的习性也就开始变得沉默，所以，很多人宁可把话烂在肚子里也不愿意发表自己的意见。自此，也就引发了很多人一听到“沉默是金”这句话就将其视为真理，奉为座右铭。

但事实上，沉默并不等于金，也不是金，只有适时的沉默才是金，适时的沉默对于不同的人来说代表了不同的品格魅力。在适当的时候，男人的沉默代表了一种像挺拔的白杨树一样的伟岸风格；女人的沉默代表了水一样温柔的个性；刚刚工作的年轻人的沉默代表了一种踏实、稳重、脚踏实地；老年人的沉默代表了一种和蔼可亲。适时的沉默是一种与世无争的力量，是一种厚积薄发的宣言，更是一种会意与赞赏。

2006年的情人节，有一对夫妇被美国有线电视网CNN隆重推出，他们是102岁的丈夫兰迪斯和101岁的妻子格温。这一天，他们之所以成了美国的新闻人物，是因为在离婚率不断攀升的美国，他们俩创造了一项纪录——婚姻维持了78年。因此，很多年轻人希望听听他们的幸福箴言。面对年轻人的渴望，他们说："在家里，没有什么值得较真儿的，或者说，家人之间没有道理可讲；该闭嘴的时候闭上嘴就可以了，瞧，78年就这样过来了！"

生活中，我们总是会与他人出现争吵、面红耳赤的局面，如果在这时，一个人能保持适时的沉默，就能够让另一方在刹那间看清前方的路。

然而沉默并不等于无声，倾听他人的谈话也绝不等于始终沉默，不然就会造成两个人之间谈话陷入冷场。所以，在与他人谈话时，我们要保持适时的沉默，该插话的时候还是要插话，该表达的时候还是要表达，这样更会引起对方的注意。但前提是礼貌的、不违反对方意愿的适当插话。假如在对方讲话当中你突然讲"请让我插一句……"、"请打断一下……"，会使对方感到被轻视或者会引起其他不愉快的事件。

沉默不等于承认或忽视，它可以表示你在思考，是重视对方的意见，也可能是在暗示对方转变话题。总之，适时的沉默是谈话艺术的重要组成部分，只有掌握它的人才会发现它的佳处。

人，有时要说话，有时也要沉默；要学会说话，也要学会沉默；要善于说话，也要善于沉默。

聊天哲语

心理学家认为：适时的沉默能使说话者变得冷静，肩部和嘴部的肌肉放松，会更加心平气和。所以说，适时地沉默是一种品位、一种境界，更是一种明智的行为。

6. 做一个好听众

曾经读过这样一个故事：

有一个人，他说话总是喋喋不休，只要有他在场，别人休想得到任何说话的机会。有一天，这个爱说话的人遇到了上帝，他问上帝说："仁慈的上帝啊！您给了我两只手、两只眼睛、两只耳朵，但却为什么只给了我一张嘴巴呢？"上帝听了他的问话，笑了，然后回答说："给你两只手是让你多劳动，给你两只眼睛是让你多观察，给你两只耳朵是让你多倾听别人的意见，给你一张嘴是让你少说一点话。"

这则故事就是告诫我们：更多的时候不要只顾着说，而要学会倾听，应该多看多听。一旦你明白了这样一个道理，你就会懂得做一位听众的真实含义。

的确，如果你想成为一名优秀的沟通者，就做一个注意听话的人。人际交往中最重要的是沟通，而沟通中，最重要的不是说，而是听——站在对方的立场上，用心聆听语言背后想要表达的意思，给对方一个诉说的机会。

但是，很多人有一个习惯，就是别人在与他说话的时候，总是将注意力放在自己认为重要的事情上，别人对他说的话如同风一样即时消逝，以致最后得罪了对方。

有一个销售员曾经在一个客户身上花了一年的时间，才最终说服这位客户下决心要买车，但是在这位销售员准备与客户签合约的时候，由于这名销售员没有很好地倾听对方的谈话，最后导致合约没有签成，交易失败。

那天，客户走进这位销售员的办公室，十分兴奋，开始向他讲述自己儿子考上名牌大学的事情。

这位客户说："你知道吗？我的儿子考上北京航空航天大学了，将来他就要当飞行员了。"

"太好了，恭喜你啊！"销售员说。他说完了这句话继续看着合同。

客户继续说："您看，我的儿子很聪明吧，我还记得他小的时候就比其他的孩子聪明很多，总是喜欢问我一些稀奇古怪的问题。"

销售员说："哦，那你的孩子成绩一定很好。"说完，他又继续看着合同。

"是啊，他在班级里是前三名的学生。"客户说。

"哦，真不错，那他高中毕业打算报考什么学校？"销售员问。

"销售员，我刚才已经和你说过了，我的儿子已经考上了北京航空航天大学，将来就要做飞行员了。"客户有些不悦地说。

这时，销售员突然抬头看了看客户，意识到由于自己没有认真倾听顾客的谈话，以至于影响了交谈的气氛，甚至是这份合同的签订。他刚想说些表示歉意的话，但客户却说："我还有事，先走了。"

由此可见，在与人聊天谈话的时候，首先要做的就是认真倾听，你只有做到了认真倾听，对方才会感受到你的诚意，那么事情才会顺利进展下去。那么我们如何做一个好的倾听者呢？

第一，要学会补充说明。

也就是说，在谈话的过程中，你可以引导对方把不明白、比较困惑的地方再详细地说一说。此时，你可以试探性地问："你能就某某问题再说一下吗?”“关于这件事情还有其他的吗?”这样的提问更能引起对方的谈兴，从而把自己的想法更详细地说给你。

第二，直接提问。

当与客户或者不是很熟悉的人谈话时，你可以开诚布公地直接提出问题，并在提问时要求对方详细阐述此件事情。

第三，说出共同的感想。

当对方说完话后，你可以把自己对此事的想法或者经验说出来，并尽量让对方接受你的说法，这样更能增强你们彼此之间的好感。

伟大的推销员乔·吉拉德曾经说过：“有两种力量非常伟大，一是倾听，二是微笑。”这就足见倾听在一个人生活之中的重要性。因此，当你与别人聊天交谈的时候，你要做一个最忠实的听众，专心地去听别人的话，那是你所能给予别人的最大支持和肯定。因为倾听是世界上最文明的举动，是高素质的最好表现，是对自己水平的最好展示，是获得别人赞同的最有效的行为。

聊天哲语

擅长聊天的人，也擅长“转述借来的话题”，也就是将“听来的事情”变成自己的闲聊话题。很多时候，谈及一些正面的话题时，以“是×××这样说的”来传达信息，可信度会比较高，而且这种方式还可以使得话题膨胀好几倍，实在是一个简单易用的好方法。

7. 学会倾听

有一天，鼠妈妈把小老鼠叫来，说："孩子，你已经长大了，以后你就不能再喝妈妈的奶了，要学会自己去寻找食物。"小老鼠听后，慌张地问妈妈："可是妈妈，我该去哪儿寻找东西吃呢？"

鼠妈妈说："该如何寻找食物，具体的办法妈妈也不好说，你还是按照我们祖先留下的方法去找食物吧！以后，你躲在人们的屋顶上、梁柱间，仔细地倾听人们的谈话，他们自然会教你的。"

第一天晚上，小老鼠躲在梁柱间，听到一个大人对孩子说："宝贝，把面包和牛奶放在冰箱里，小心老鼠，它们最爱吃面包和牛奶了。"

第二天晚上，小老鼠躲在房梁间，听见一个婆婆对老伴说："老头子，帮我一下忙，把腊肉挂在梁上，别让老鼠偷吃了。"

就这样，小老鼠按照妈妈教给它的办法做了，每天都能得到美味的食物，它回家告诉妈妈："妈妈，果然像您说的一样，只要我仔细倾听，人们每天都会告诉我哪里有食物吃。"

依靠倾听他人的谈话，小老鼠终于找到了自己的生存方式，后来它有了自己的孩子和孙子，在它们独立生存的时候，它也是像鼠妈妈教诲它一样来教导自己的儿子和孙子："仔细地倾听人们的谈话，他们自然会教你的。"

古人有"听君一席话，胜读十年书"，外国有句谚语："用十秒钟的时间讲，用十分钟的时间听。"可见，善于倾听很重要，它会使你发现机会，找到前进的目标，找到成功的捷径，找到人生的价值。学会倾听，你将受益终生。

倾听是每个人都必须掌握的一种技能。现实生活中，我们总会遇到一些寻找自己倾诉的人，这些人不是自己的亲人，就是自己的朋友，因为他们内心的负荷太重，所以，他们需要找个地方释放。当然，他们来找你述说并不是为了让你帮他多大的忙，而是想让你静下心来听听他们的诉说，缓解他们的心理压力，以至于达到心理平衡。

但是遇到这种情况的时候，我们往往忽略了他们真实的感受、真实的需求，没有站在倾诉者的立场认真听他讲述自己的故事，从而让对方感到很扫兴、很失望，甚至很伤感，甚至友情因此而破裂。这就是忽视倾听作用的表现。心理学专家认为，倾诉可以有效地缓解压抑的情绪。当一个人被心理负担压得透不过气来的时候，如果有人真诚而又富有耐心地来听他的倾诉，他的心灵就会有一种如释重负的感觉。

倾听不仅是对倾诉者的鼓励与支持，更是对倾诉者的真心慰藉。当一个人高兴的时候，我们要学会倾听他快乐的理由，分享他快乐的心情。当一个人悲伤的时候，我们要学会倾听他痛苦的缘由，理解他内心的苦楚。当一个人处于工作矛盾、家庭矛盾和邻里矛盾中时，我们要学会倾听矛盾的症结，帮助其分析，为其分忧解难……因此，生活中，我们不仅要学会倾听，更要在倾听中学会生活、懂得生活、珍惜生活。

美国一位著名的解惑专栏作家蓝德丝曾经说过："当了 36 年的专栏作家，我深深了解，许多人写信给我，其实不是要我的建议。他们真正需要的，只是一个愿意聆听的人。"让别人觉得他很重要，这一点非常重要，也是获取友谊的良方。

不仅如此，倾听也是当前社会的一种强烈呼声，不仅生活中的平民百姓需要学会倾听，就是当今的国家领导团体，也多次指出要多听取人大代表、政协委员及广大市民的意见。并强调说："这样好就好在能够听到不止一种声音，而是多种声音，甚至反对意见，这对我们政府科学决策非常有帮助。"看来倾听已经演化成了社会生活与工作中的一种必然需求。

那么如何享受倾听呢？需做到以下几点：

①端正“听”的态度

专心地听对方谈话，态度谦虚，始终注视对方。不要做看表、修指甲、打哈欠等无关的动作。

② 给予积极的回应

善于通过肢体语言或其他方式给予必要的反馈，做一个积极的“听话者”。

③不要中途打断对方

当一个人说话的时候，是不希望被人打断的，因为这样不仅打断他的思路，而且还会让人感到他不被尊重。当然如果谈话者的话题确实不能引起你的兴趣，或者你想转移话题，那么你可以等对方讲完话后适当地岔开话题。

聊天哲语

贝克特尔将有效人际沟通的精髓概括为 5 句话：

1. 要有自信，至少显得有自信；
2. 事先做好准备，平时多留意收集信息；
3. 千方百计让自己变得有趣；
4. 学会倾听，真正对对方的话题感兴趣；
5. 永远从他人的思维角度出发，真正把对方放在你心上。

8. 给人机会，别当“话痨”

不知道从什么时候起，我们身边的“话痨”越来越多。适度的贫嘴调侃是快乐的表现，然而话匣子一打开就说得没完没了，就成了“话痨”。痨者，病也。“话痨”一词，带着调侃的味道，就是说此人话多，多得成了病。此种叫法在互联网上流传甚广。

在生活中，可能你遇见过所谓的“话痨”：不管是对待陌生人，还是熟悉的亲友，他们的话总是张口就来，一旦开讲就滔滔不绝，话语如同脱了缰的马，刹都刹不住。当交际场合气氛沉闷时，你可能会感谢他的存在，但更多的时候，“话痨”的存在让你感到耳根不得清静，有点不胜其烦。但是说话不是说给自己听，而是说给别人听。所以，不能只顾自己说话，而忽视别人的感受。如果不听别人的反馈，不给别人说话的机会，即使你说再好听的话也全成了废话。所以说，每个人都应当学会给他人说话的机会和权利，在真诚帮助别人释放压力的过程中学会聆听和重新分析。

给别人说话的机会，无论是在公共场合还是部门机构，或是在朋友之间，还是在上下级之间都有至关重要的作用。

在正常的人际交往中，不仅要有善于表达的能力，而且还要有善于倾听的行为和习惯。因为每个人都有自我表现的欲望，没有人喜欢一个只会滔滔不绝地讲而没有耐心倾听、不给别人讲话机会的人，而且听别人说话也是一个很好地理解别人、学习别人的过程，同时，也是一个促进人际交往、增进人际关系的机会。听别人说话，也许只需要一分钟的时间，可那一分钟也许是给予双方的一次机会，彼此收获温暖和感动。给人说话的机会符合人的本能。人总要说话，即使是哑巴，也会通过手势语言说话；人也总有表现欲望，说话正是表现欲望的最好体现。让他人在说话的过程中主动地参与，分享交谈的快乐与收获，既可以使自己实现自我提高，也可以使自己受益终生。所以，一个会说话的人要懂得给人机会，别当“话痨”。

那么如何做到这一点呢？

（1）要做一个多听他人讲话的人

卡耐基所言：“你要衡量一下自我，宁愿要表面上的胜利，还是要别人对你的好感，当然少说话不是不说话，而是使自己有更多时间去聆听别人的说话，去思考使自己说出来的每一句话都有其分量，被别人重视，那精彩的说话往往能在听者的心中激起千丈巨浪，给听众带来巨大的影响。”

（2）要学会找话题

①进行试探性的询问。在开始谈话时，你可以问问对方的职业、喜好等，略有了解后再进行有目的的深入交谈，便能谈得更为自如。

②根据对方的兴趣入题。如果你要让人喜欢你，如果你想让他人对你产生兴趣，你必须注意的一点是：谈论别人感兴趣的话题。一旦你能找到其兴趣所在，并以此为突破口，那你的话就不愁说不到他的心坎上。比如，在与他人进行谈话时，你可以适当地问一下对方的兴趣，当了解了对方的兴趣之后，再根据这个兴趣点与对方进行谈话，这样话题自然也就打开了。但倘若对方的兴趣点不是你感兴趣的，你也不要感到没趣，可以适当地倾听对方谈一谈这方面的知识，做一个洗耳恭听者。

专家们给出实现和他人兴趣一致的三个步骤：

第一，找出别人感兴趣的事物。

第二，对他感兴趣的题目应该先获得若干知识。

第三，对他表示出你对那些事物确实感兴趣。

（3）寻找两个人之间的媒介物

比如，你和一个朋友见面，你们两个人都戴了同样的帽子，此时如果你没有话题可说，不妨从帽子这个话题展开交流。

给他人说话的机会，学会在交谈的时候留有空间，让他人可以接上自己的谈话，让他人有话可说。或者谦虚一点，适时地向他人请教，把最终的总结权留给对方，让对方有可以发挥的空间，这样既不至于给人谈话冷场的感觉，又不会让对方觉得你是一个“话痨”，使人生厌。

聊天哲语

其实，每一个人要取得成功，仅有很强的工作能力是不够的，还要处理好人际关系，处理好人际关系关键因素就是会聊天。

9. 倾听的技巧

听是一种友好的表现，听也是一个人良好修养的表现。暂时把个人的成见与欲望放在一边，尽可能地倾听他人的谈话，从中不仅可以获得更多的新知识，而且可以减少不成熟的评论，避免不必要的误解，常常还会有意想不到的收获。

那么倾听的技巧有哪些呢？

(1) 有鉴别地倾听

专心致志地倾听，要求谈话者在别人发言的时候精力集中，即使是自己十分熟知的话题也不例外；有鉴别地倾听，必须建立在专心倾听的基础上，因为不用心听就无法鉴别对方传来的信息哪些是真的，哪些是假的，哪些是无用的。

(2) 倾听时不要带偏见

偏见是影响你和对方人际关系的因素，如果对对方有偏见，在听他讲话时也往往会带上偏见，因而就不能很客观地听他说话，即使他的话对你很重要，你也不会从他的话里获得有益的信息。

（3）不要抢话

抢话会打乱别人的思路，也耽误自己倾听，抢话不同于问话，问话是由于某个信息或意思未能记住或理解，而要求对方给予解释或重复，因此问话是必要的。抢话则是急于纠正别人的错误，或用自己的观点来取代别人的观点，是一种不尊重人的行为，往往会阻塞双方的思路或感情，不利于创造良好的谈话聊天的气氛。

（4）难以应付的话题最好不要回避

谈判中，往往会涉及一些诸如政治、技术或人际关系方面的问题，可能使谈判者回答不上来，有些谈判者采取充耳不闻的态度来回避问题，往往暴露了自己的弱点。一个合格的谈判者要有信心、有能力应对对方提出的一切问题，只有细心领会对方提出此类问题的真实用意，才能找出摆脱难题的有效答案。

（5）主动做出反馈表示

要使自己的倾听获得良好的效果，不仅要专心地听，同时还要做出反馈性的表示，如以口头语言、面部表情或动作向对方表述你对他的话语的了解程度，或者要求对方澄清或阐述他所说的话语，这样对方会因你的态度而愿意更多、更广、更深刻地表露自己的观点。

（6）注意对方语速的流畅性

流畅的说话表示说话者此时是在直抒胸臆、说真话的状态。如果语速有些减慢或出现停顿现象，这表明他此时出现了情绪波动，或是在努力思考，或是分心了。而努力思考的原因无非有二：一是知识不足，需要努力回想；二是想回避、隐藏什么而在编假话。

因此，只要有可能，应尽量为自己及对方创造有利于倾听的环境，这样不但可以查明事实的真相，而且可以探究对方的动机和思维脉络。

著名的心理学家卡尔·罗杰斯说，有时当他的病人不断地倾吐自己内心深处的感觉时，他会突然发现病人的眼中充满泪水，好像在说："感谢上苍，终于有人愿意听我说了。"

有不少研究表明，人际关系失败的原因，很多时候不在于你说错了什么，或是应该说什么，而是因为你听的太少，或者不注意听。理想的人际关系，建立在相互交流的基础上，如果你对对方的希望、意见和感情缺乏了解，那么双方的意见就不可能达到统一，要了解对方，当然就是倾听，倾听对方的话很重要，否则你会失去一些有用的信息，失去一次友好聊天的机会，还会失去友谊。

聊天哲语

约翰·洛克曾说："打断别人的话语是最无礼的举动。"在聊天谈话中，能够提高自己倾听的素质，能够能动、灵活地去迎合别人的话，能够理解别人的话很重要。

第10章 聊出水平，聊出品位

语言是一种人格象征，也是人格魅力的一部分。一个人的品性、知识、智慧等首先得由语言反映出来。在社交中能够侃侃而谈，用词高雅恰当，言之有物，对问题剖析深刻，反应敏捷，应答自如，能够简洁、准确、鲜明、生动地表达自己的思想与情感，则会表现出不同凡响的学识和风度。

1. 言辞表达，文化素养的体现

一个人聊天的用词能够折射出他的文化修养。如果一个人用词高雅、准确，说话干净利落，说明这个人有较高的文化修养。如果一个人用词欠妥，浅俗不堪，讲话啰嗦重复，不着要点，说明此人文化修养不高。

用词也需要讲究技巧，适当的用词可以给人留下好印象。下面给予简单的介绍。

（1）使用“请教”、“帮我”等语言

在聊天中，多使用“请教”、“帮我”等语气，体现一个人的礼貌和修养，容易获得对方的好感。仔细观察具有好人缘的人，就会发现他们常用“请教”的谦虚态度来获取老年人的喜欢。除此之外，他们还利用向老年人撒娇的办法来取悦老年人。撒娇会给对方留下可爱的印象，当然撒娇是否成功，是否恰到好处，这与撒娇者个人的“天赋”有绝对的关系，因为一些技巧有时足以影响撒娇的成效。如在年长的人面前，可以用“请教”、“帮我”等语气，来达到撒娇的目的，试想一下，向别人尊称一句“前辈，一切拜托你了”，怎会不博得对方的好感呢？

（2）常用“我……”开头的语句

研究发现，常用“我……”字开头可以强化别人对你的印象，因为如果以“我将如何……”、“我相信……”、“我想……”、“我希望……”等开头，会使人感觉你意志坚定，十分自信。所以，要想让对方加深对你的印象，不妨在聊天中经常使用以“我”开头的语句。

（3）常用“我们”这两个字

在聊天中，常用“我们”这两个字，可以拉近彼此间的距离，给人一种亲切的感觉。有位心理专家曾经做过一项有趣的实验，让同一个人分别扮演专制型、放任型与民主型三种不同角色的领导者，而后调查其他人对这三类领导者的看法。结果发现，凡是采用民主型方式的领导者，他们的团结意识最为强烈。研究表明，这些人当中使用“我们”这个名词的次数也最多。事实上，我们在听演讲时，对方说“我认为……”带给我们的感受，将远不如他采用“我们认为……”的说法，因为采用“我们”这种说法，可以让人产生团结意识。人的心理是很奇妙的，同样的事往往会因说话的态度不同，而给人完全不同的感觉。因此善用“我们”来制造彼此间的共同意识，对于促进人际关系会有很大的帮助。

(4) 少使用“绝对”一词

在日常聊天中，经常使用“绝对”一词的人，大多数都有一种以自我为中心的倾向，一旦自己的过失遭到别人纠正或指责，为了隐藏自己内心的不安，就会想办法来保护自己，利用“绝对只有这个办法”的说法，企图使自己的行为合理化。其实，这种人之所以爱说“绝对”，是因为他们不想坦白地告诉别人“我的能力仅止于此，除此之外别无他法”。由于这种人的想法都是以自我为中心，所以他们只能依自己主观、狭隘的视野，想出一些不适用的东西，但通常不会发挥很大的效应。又由于这类人无法站在别人的立场上为他人设想，其一切想法都是独断的、自我的，所以往往目中无人，非常傲慢。

(5) 不要使用命令式词语

常使用命令式词语的人，会给人以骄横、专制的印象。在谈话中经常用“你应该……”、“你不能……”、“你必须……”等命令式口气的人，多半自信、骄横、专制、固执、权欲很大。

说起话来常用“我个人的想法是……”、“是不是……”、“能不能……”等和善可亲的语气与人交流的人，通常较为客观和理智，待人接物冷静，谨思明断，尊重别人。说起话来总是“我不知道……”、“我要……”、“我想……”的人，则通常比较天真、任性，爱感情用事，易激动。经常使用与英文连词“and”意义相当的词，如“嗯……”、“还有……”、“这个……”、“那个……”等的人，表示他的发言不能有条理地进行，思路没有头绪。假如开口闭口就爱抬出一大堆晦涩难懂的话语或外语，就会让人有一种走错庙门的感觉。

总之，我们在与人聊天谈话时，如果非要运用相关词句不可，一定要注意这些语句所表达的含义及运用的场合，不然会给别人留下不好的印象。

聊天哲语

聊天是一种非凡的能力。拥有了这种能力，工作、生活都可以更加顺利。

2. 幽默风趣，尽显魅力

在聊天中，适当地使用幽默的语言，可以打破僵局，可以回敬对方不礼貌的言辞，也可以使严肃紧张的气氛顿时变得轻松活泼起来，甚至可以缓和或解决矛盾。

张大千是我国现代著名的画家，他颏下留长须，讲话诙谐幽默。一天，他与友人共饮，座中谈笑话，都是嘲弄长胡子的。

张大千默默不语，等大家讲完，他清了清嗓门，也说了一个关于胡子的故事。

三国时期，关羽的儿子关兴和张飞的儿子张苞随刘备率师讨伐吴国。他们两个为父报仇心切，都争当先锋，这却使刘备左右为难，没办法，他只好出题说：“你们比一比，各自说出自己父亲生前的功绩，谁父功大谁就当先锋。”

张苞一听，不假思索顺口说道：“我父亲当年三战吕布，喝断当阳桥，夜战马超，鞭打督邮，义释严颜。”

轮到关兴，他心里一急，加上口吃，半天才说了一句：“我父五缕长髯……”就再也说不下去。

这时，关羽显圣，立在云端上，听了儿子这句话，气得凤眼圆睁，大声骂道：“你这不孝之子，老子生前过五关斩六将之事你不讲，却专在老子的胡子上做文章！”在座的无不大笑。

张大千巧妙地套用了关于胡子的幽默故事，不仅使自己摆脱了众矢之的的困境，而且也反击了友人善意的嘲弄。

面对生活中可能引起麻烦的或者窘迫的事情，我们不妨借助一下幽默，就能摆脱困境。

文学家歌德，有一天在路上散步，路遇一位批评家，这位批评家曾对他的作品提出过尖锐的看法。他对迎面而来的歌德满脸不屑，大声说道：“我从不给傻子让路！”歌德笑答：“而我正好相反。”一边说，一边让在旁。

歌德用幽默化解了一场无谓的争吵，充分显示了他的宽广的心胸和大度的气量。

一个幽默的人，无疑是个魅力十足的人。幽默不是天才、高智商、喜剧演员的专利品。只要我们持一种积极乐观的心态，世界必然是阳光万丈。常看一些笑话故事，幽默小品和漫画等，你就掌握了更多的幽默素材，你一定能找到幽默并学会幽默。

幽默虽好，但我们还要懂得什么是幽默，还要掌握一些幽默技巧：

（1）正话反说

所谓正话反说，就是把话反过来说，使之形成明显的反差。其最主要的方法是“贬义褒用”。例如：在20世纪40年代，人们多使用牙粉刷牙，牙粉是用袋装的。当时，有个相声演员说相声形容牙粉价格很高时说：“才两元钱一袋。”

问他：“这么便宜，是什么袋装的?”这位相声演员说：“牙粉袋！”

观众捧腹大笑。

除了“贬义褒用”外，也有用“褒义贬用”的。如把怕老婆的男人说成是“模范丈夫”等。

（2）妙用笑话

适当地讲些笑语，可以使语言充满幽默感，从而缓解人们的紧张情绪。例如：在一次家庭宴会上，有两人因琐碎小事争吵起来，这时，主人借题发挥，讲了一个笑话：

“古时候，某君去朋友家赴宴，朋友招待不周，仅给他喝了几滴米酒。临走时，他恳求主人在左右两边腮帮子上各打一记耳光。主人不解其意。他说：为的是让我老婆看见我两颊通红，以为我吃饱喝足了……”

听了这则笑话，刚才正在争吵的两人也不由自主地笑了起来，紧张的气氛一扫而光。

（3）适度夸张

运用夸张的方法来表现幽默，效果也非常鲜明。有这样一则故事：

房客对店主说：“昨晚我睡不着，太冷了，窗上有洞，房间里只要有一点光，我就睡不着。”店主奇怪地说：“那你为什么不把蜡烛吹灭呢？”房客说：“吹不灭的，因为那球形的火焰结了冰了。”

在这个故事中，房客运用夸张式的幽默语言，既巧妙地批评了旅店太冷，又避免了与店主正面发生冲突。

（4）词语别解

故意歪曲词语的本意，进行特殊含义的解释，也是表现幽默的一种方法。例如：

美国的比尔斯曾编撰了一部《魔鬼词典》。在这部词典里，给政治下的定义是——“政治是为私人谋取利益而从事的公务活动”；给外交下的定义是——“为了自己国家的利益而撒谎的一种艺术”；给和平下的定义是——“两次战争之间互相欺诈的阶段。”

他在这里用的就是词语别解的方法，表面看似荒唐，细品却意味深长，不禁使人哑然失笑。

（5）自我解嘲

有的时候，自我解嘲也能造成一种幽默的气氛。比如，在别人请你唱歌时，而你又不善歌唱，便说一句：“我五音不全，唱起来怕把你们吓跑了。”再如，有人见你在那里唱歌跳舞，说你生活很充实，业余娱乐不错时，你便说：“我这叫花子过年——穷欢乐。”所以这样的自我解嘲，也是幽默的表现。

（6）巧用谐音

借助同音字的谐音关系，也可用来表现幽默。例如：清朝李鸿章有个远房亲戚李某，胸无点墨而热衷功名，一心想借科举弄个一官半职。一次，在考场上打开试卷，谁知竟有一多半字不认识，急得他如热锅上的蚂蚁。眼看交卷时间就要到了，他灵机一动，在试卷上写道：“我乃李鸿章中堂大人的亲妻。”这最后一个字本意想写“戚”，因不会，以“妻”字代替。当主考官批阅这份试卷，读到“我乃李鸿章中堂大人的亲妻”时，不禁拈须微笑，提笔在试卷上批道：“所以本官不敢娶（取）你。”

这里，所运用的就是谐音法，借助同音字（戚—妻）的谐音关系，语带双关，明言此（不敢娶你）暗言彼（学问浅薄，不能取你），既幽默风趣，又一针见血。

当然，语言幽默的方法还有许多，上面列举的只是几种常用的方法。在实际运用时，应因人、因时、因情、因境而异，方能不落俗套，为人们所喜闻乐见。

聊天哲语

英国思想家培根曾说：“善谈者必善幽默。”

3. 敬语——彰显教养与风度

敬语能够充分体现说话者的教养、风度和礼貌。敬语是谈吐文雅的重要体现，也是展示个人风度和魅力的必不可少的基本要素之一。随身带上说敬语的习惯，你会在人际交往中更和谐。

有位名叫亚诺·本奈的小说家曾说：“日常生活中大部分的摩擦冲突都起因于恼人的声音、语调以及不良的谈吐习惯。”此话说得颇有道理。只要我们细察生活于自己身边的人就会发现，谈吐的缺陷往往可能导致个人事业的不幸，可能导致父子不和、夫妻离异乃至人际关系的紧张恶化，而只要使用了敬语一切都那么和谐。

“敬语”是用来表示对人的尊重之意。“请问”有如下说法：借问、动问、敢问、请教、借光、指教、见教、讨教、赐教等；“打扰”有如下词汇：劳驾、劳神、费心、烦劳、麻烦、辛苦、难为、费神、偏劳等委婉的用词。如果我们在语言交际中记得使用这些词汇，相互间定可形成亲切友好的气氛，减少许多本可以避免的摩擦和口角。

你和人相见，互道“你好”，这再容易不过。可别小瞧这声问候，它传递了丰厚的信息，表示尊重、亲切和友情，显示你懂礼貌，有教养、有风度。

日本人说话爱道“谢谢”。有人统计，一个在百货公司工作的日本职员，一天平均要说 571 次谢谢，否则他就不是一个好职员，有被解雇的可能。不管 571 次这个数字是否准确，但有一点须承认，顾客如果买了东西，营业员对他说声“谢谢，欢迎再来”，顾客不买东西；只是逛了一圈，仍对他说声“谢谢，欢迎光临”，相信你更愿意光顾这样洋溢着温馨气氛的场所。

美国人说话爱说“请”。说话、写信、发信息都用，如请坐、请讲、请转告。传闻当年美国电话总局每年从“请”字上就可多收入一千万美元。美国人情愿花钱买“请”字，我们与人相处，说个“请”字，既不费力，又不花钱，何乐而不为？

英国人说话少不了“对不起”三个字，凡是请人帮助之事，他们总开口说声对不起：对不起，我要下车了；对不起，请给我一杯水；对不起，占用了您的时间。英国警察对违章司机就地处理时，先要说声“对不起，先生，您的车速超过规定”。两车相撞，大家先彼此说声“对不起”。在这样的气氛下，双方自尊心同时获得满足，争吵自然不会发生。

由此可见，敬语代表一个人的精神、睿智和学识修养。在交往中运用敬语频率高，可以增进人与人之间相互了解，可以减少人与人之间的摩擦，可以让人与人之间变得更和谐。根据敬语的使用范围，将其分为问候型敬语、请求型敬语、道谢型敬语和致歉型敬语，不同类型的敬语，有不同的表达方式。

（1）问候型敬语

问候型敬语是对他人表示尊重时使用的敬语，此类敬语能够充分体现说话者的教养、风度和礼貌。问候型敬语主要有“您好”，“早上好”，“久违了”等。

（2）请求型敬语

请求型敬语就是在请求别人帮忙时所使用的一类敬语，这类敬语通常有“请”、“劳驾”、“请多关照”、“承蒙关照”、“拜托”等多种不同表达方式。

（3）道谢型敬语

道谢型敬语主要适用于自己在得到他人帮助、支持、关照、尊敬、夸奖之后，为表达谢意而所使用的敬语。“谢谢”是最为简单、最为常用的道谢型敬语，除此之外，“承蒙夸奖、不胜荣幸”，“承蒙提携”等也属于这种类型的敬语。

(4) 致歉型敬语

致歉型敬语主要适用于自己的行为对他人造成伤害或消极影响时而使用的敬语。在现代生活中，随着互联网的普及人际交往的层面不断扩大，人际关系的网络也日趋复杂，使人与人之间的摩擦时有发生。当对他人造成伤害时，“对不起”是最为常用的表达歉意的方式。除此之外，“请多包涵”，“打扰您了”，“给您添麻烦了”，“非常抱歉”等词语也属于致歉型敬语的范围。

在日常生活中，敬语的使用范围非常广泛，除了以上四种主要的敬语外，还有一些场合也常用敬语，如等待客人说“恭候”，请人勿送说“留步”，陪伴朋友说“奉陪”，中途先走说“失陪”，向人道贺用“恭喜”，赞赏见解用“高见”，欢迎消费者用“光顾”，谈及老人年岁用“高寿”，称小姐年龄用“芳龄”，说他人来信为“惠书”，等等。

无论使用何种类型的敬语，在表达上要注意：首先，敬语的使用要本着诚心诚意的原则，不能作为只是形式上的应付或敷衍塞责；其次，要根据不同对象、不同场合、不同氛围灵活掌握敬语的使用，既要体现出彬彬有礼，又要不落俗套：再次，使用敬语时还应认真、直接，不要含糊不清，同时还要注意对方的反应，并辅之以必要的体态语言。

聊天哲语

也许有人会说：“我不开口照样能引人注意，因为我外形出众。”诚然，身高、外貌这些先天条件确实能为一个人加分，但也仅仅是加分而已。如果一个人聊天时说出来的话总是让人哑口无言，或者不分场合口无遮拦，恐怕长得再漂亮也会让人心生反感。

4. 侃侃而谈，人人都喜欢你

有很多人觉得自己不大会说话，在社交中总是处于沉默状态。他们平时很少说话，也很少和别人聊天，更别说当众与人讲话了。于是，别人就会说他们是老实人，他们也渐渐觉得自己就是老实人，经常说：我不会说话，是老实人。好像老实人就必定不会说话，不会说话的必定是老实人。可是会说话的未必就是不老实的。

那些不会说话的人，也不应该认为自己虽然不会说话，就是老老实实的人。否则，他们就会因此而不肯补救自己不会说话的弱点，错误地以为学说话就是学滑头，学不老实一样。不过，多数人并不那样想，他们倒真是老老实实地承认，不会说话是他们很大的缺陷。他们想练习一下自己的口才，因为他们知道有了好口才之后，就不会成为一个词不达意的“老实人”，就不会在生活和工作中遇到很多困难。有了好口才，才能促进自己事业的发展，使自己的生活顺利而愉快。

在美国费城的大街上，有一个衣衫褴褛的青年为了能够找到一份工作已经徘徊了很久。一天，他突然闯进了该城著名的商人鲍尔·吉勃斯先生的办公室，请求吉勃斯先生牺牲一分钟时间，允许他讲几句话。

吉勃斯先生对这位青年感到很惊奇，因为虽然他全身流露出一种极度穷困的窘态，但精神却非常饱满。出于好奇，吉勃斯先生同意了他的谈话请求。起初，他只打算与那个青年说一两句话，然而，事实并非如此，他们的谈话持续了一个多小时。结果呢，吉勃斯先生立即打电话给狄诺公司的费城经理泰勒先生，再由这位著名的金融家邀请这个青年共进午餐，并给了他一个极其重要的职务。

一个穷途末路的青年，竟然能在半天之内，改变自己的困境，走上阳光大道，这就在于他能够勇敢地表达自己，为自己敲开成功的大门。因此，敢于表达自己，让别人充分地了解你的长处，你的优点才能被人赏识，你才有可能成功。

我们的祖先不大重视甚至不大喜欢“能说会道”的人，而那些很健谈的人常常被冠之以“夸夸其谈”的帽子。如果一个人被公认为“夸夸其谈”，那就不怎么讨人喜欢；而如果被公认为善于为自己辩护，那就没有多少人愿与之交往。相反，如果一个人沉默寡言，不苟言笑，这个人往往会受到赞赏。这个传统的评价标准，依然在今天的青年人身上打下了深深的烙印。常常听到有的人说：“我这个人，笨嘴笨舌，不会说话。”似乎这并不是什么缺点。显然，这是相当陈旧的一种见解。

现代社会需要那种机敏灵活，能言善辩的人。羞怯拘谨、笨嘴笨舌的人，在现代社会不会成为出类拔萃的人才。

有些人很有知识，就是因为缺乏“嘴巴上的功夫”，而不受欢迎；有些人专业水平很高，工作很出色，表达能力却很差，言谈拘谨慌张，逻辑思维混乱，一讲话就语无伦次，虽有丰富的经验和独到的见解，但却是“茶壶里煮饺子——倒不出来”。

现代社会注重口才,谈恋爱、做生意,凡是要与人打交道,口才都起着举足轻重的作用。如果会说话,就能够博得对方的好感;如果善于说服人,就足以证明自己的能力;如果擅长聊天,就会比别人多一些成功的机会。无数事实证明,在当今社会,敢于表达并且善于表达的人才是真正的赢家。

聊天哲语

肢体动作是最重要的交谈技巧之一。调查表明，超过一半的面对面交谈都是非语言形式的。很多差劲的聊天者之所以无法维持愉快的交谈，正是因为在很多情况下没有意识到自己表现出了那些表示拒绝的肢体语言。例如，双臂交叉、几乎没有眼神交流、没有微笑等。